아나키즘이 살 길이다

— 김원식이 걸어온 길

차례

책을 내면서 — 7

머리말 — 11
1. 출생배경과 성장과정 — 17
2. 공산주의에 눈뜨다 — 31
3. 남조선노동당에 입당하다 — 41
4. 조선노동당 정치위원으로 활동하다 — 51
5. 조선노동당 지하 조직활동을 전개하다 — 77
6. 수형 생활을 하다 — 97
7. 석방 이후 새로운 길을 모색하다 — 105
8. 반핵운동에 뛰어들다 — 123
9. 아나키즘을 접하고 반전평화운동으로 지평을 넓히다 — 193
맺음말 — 233

김원식 연보 — 245

김원식의 번역서 목록 — 259

참고문헌 — 260

발간후기 — 265

책을 내면서

내가 김원식 선생님을 처음 만난 것은 1997년 우관상(우관 이정규선생기념사업회가 시상) 시상식장에서였다. 시상식이 끝난 후 이문창 선생님으로부터 김 선생님을 소개받았다. 한국 아나키즘을 주제로 박사학위논문을 준비하고 있다고 하자 김 선생님은 매우 기뻐하셨다. 당시 김 선생님은 골수 남로당원에서 아나키스트로 전환한 상태였다. 반미삐라사건으로 10년간 복역한 김 선생님은 만기출옥 후 공산주의에 대한 회의감을 가지기 시작하였고, 반핵운동에 뛰어들면서 아나키즘을 수용하였다.

그 해 겨울 나는 학위논문 작성에 필요한 자료를 수집하기 위해 일본으로 갔는데, 이때 김원식 선생님이 나와 동행하면서 많은 도움을 주셨다. 일본 외무성 외교사료관과 아나키즘 자료센터로 데려가 주셨으며, 통역까지 맡아주시기도 하였다. 이후 김원식 선생님과는 꾸준히 만났다. 거의 김 선생님의 요청에 의해서였다. 김 선생님은 국제 아나키즘 관련 책자들을 복사하여 주셨으며, 김 선생님이 관계하던 상계동모임에도 초대해주셨다.

1998년 8월부터 서울대 교육사고에서 본인의 생애사를 구술하고 있다는 말씀을 하셨다. 이를 바탕으로 자신의 전기를 『나의 길』이라는 제목으로 출판하였으면 하는 바람을 가지고 계셨다. 김 선생님으로부터 받은 것이 많은 내가 그 일을 맡는 것이 도리였으나, 당시 나는 박사학위논문을 작성하느라 다른 일에 신경을 쓸 틈이 없었다. 김 선생님은 조카분에게 집필을 맡겼으나, 그 결과물을 마음에 들어하시지 않았다. 결국 책으로 출판하지는 못하였다.

　김 선생님의 구술을 검토해야 한다는 생각은 가지고 있었지만, 다른 일에 쫓겨 전혀 신경을 쓰지 못하는 가운데 김 선생님이 돌아가셨고, 벌써 10주기가 지나갔다. 왜곡된 한국 아나키즘을 비판하고 한국 아나키즘의 새 지평을 연 김 선생님의 전기를 출판하는 것은 나름대로 의미가 있다고 판단하고, 11주기에 맞추어 김 선생님의 전기를 출판할 예정으로 관련 자료들을 수집·정리하고 원고집필은 대충 마무리 되었으나 확인 작업과 사진 작업이 늦어져 11주기를 넘겨 12주기에 맞추어 출판하게 되었다.

　이 책을 출판하기까지 많은 사람들의 도움을 받았다. 주 자료인 김 선생님의 구술에는 날짜가 정확하게 서술되어 있지 않아서 사실을 확인하기에 곤란한 점이 많았다. 일본에서의 활동의 경우 토다 키요시戶田清님, 사토 다이스케佐藤大介님, 오쿠무라 에츠오奧村悅夫님, 다카이 히로유키高井弘之님, 고노 다이스케 功能大輔님 등으로부터 많은 도움을 받았다. 그리고 이덕희 님과 유정길 님도 졸고를 수정보완하는 데 많은 의견을 주셨으며, 무명인출판사 윤종호 사장님은 출판뿐 아니라 교정·교열까지 맡아서 꼼꼼하게 검토해주셨다. 도움을 주신 모든 분들께 이 자리를 빌어 감사의 말씀을 전한다.

내용상의 오류는 전적으로 필자의 잘못이다. 많은 질정을 바란다.

김 선생님 12주기를 맞이하며
이호룡

머리말

김원식[1]은 평생 동안 시대적 과제를 피하지 않고 해결하고자 온몸으로 부딪치며 살았다. 어떠한 어려운 상황 속에서도 희망을 가지고 새로운 길을 개척해 나갔다. 가족 내에 남아 있는 봉건적 잔재를 청산하기 위해 노력하였고, 해방 이후 공산주의자로서 우리 민족의 진로를 개척하고자 노력하다가 장기간 감옥살이를 하기도 하였다. 석방 이후에는 한국의 반핵운동을 개척하고, 한국 아나키즘의 새 지평을 열었다. 하지만 그의 이러한 업적은 환경운동가들 사이에만 조금 알려져 있을 뿐 일반인들에게는 잘 알려져 있지 않다.

30대 중반까지 누구보다도 치열하게 살아왔던 그는 10년에 걸친 영어생활 끝에 석방되자 그동안 자신이 걸어왔던 길을 되살펴보았다. 깊은 성찰은 50대 후반의 그에게 새로운 길을 안내해주었다. 그동안 자신의 삶을 부정하는 것이어서 상당한 아픔이 뒤따랐지만, 그는 조금의 망설임도 없이 과감하게 그 길

※ 이 글은 주로 김원식의 구술녹취록에 의거해 작성되었다. 김원식의 행적과 관련해서 출처를 밝히지 않은 것은 거의가 김원식의 구술녹취록에 의한 것이다. 김원식은 서울대 교육사고 우용제 교수의 주재로 1998년 8월 20일부터 1999년 2월 28일까지 거의 매주 1회씩 25회에 걸쳐 자신의 생애사를 구술하였다. 면담자는 강명숙이었다.

1 김원식은 지하활동을 하면서 김재식, 김규민, 최익상, 김완식 등의 가명을 사용하였다.

을 걸어갔다. 그 길은 온갖 굴레와 구속으로부터 해방된 자유로운 삶을 찾아가는 길이었다.

그는 고도성장의 허울에 묻혀 반핵운동의 불모지나 다름없던 한국에서 반핵의 불을 높이 치켜 들었다. 그리고 환경·반핵운동을 뒷받침해주는 사상으로서 아나키즘을 수용하였다. 그는 자본주의나 공산주의나 모두 자연환경 파괴의 주범인 것으로 보았다. 그에게는 자본주의나 공산주의는 모두 극복 대상이었다. 자연친화적인 아나키즘만이 인류의 생존과 자유로운 삶을 보장해줄 수 있다고 판단했다.

이 책에서는 우선 양반 사대부의 집안에서 태어나 남부럽지 않게 살 수 있었던 그가 어떠한 과정을 거쳐 공산주의자가 되었으며, 공산주의자로서 치열한 삶을 살았던 그가 왜 공산주의를 버리고 아나키즘을 수용했는지, 아나키스트로서 어떠한 삶을 살았는지에 대해 살펴보고자 한다.

아나키즘은 민주주의를 실현하는 데 가장 적절한 사상적 배경을 제공해준다. 아나키스트로서 생을 마감한 김원식의 삶의 여정은 민주주의의 심화·발전을 추구하는 사람들에게 하나의 시사점을 제공해줄 수 있을 것이다.

1. 출생 배경과 성장 과정

김원식은 1923년 4월 26일(음력으로는 3월 11일)[2] 충북 괴산군 소수면 수리(숫골) 495번지에서 아버지 김태규金泰珪(1896~1962)와 어머니 최옥순 사이에서 2남 2녀(본처 소생 포함) 중 장남으로 태어났다. 안동김씨 장례공파 14세 종손이다. 집안은 남인 계통으로 벼슬길에는 오르지 못하였지만 경제적으로는 넉넉한 편이었다. 대원군이 집권하면서 벼슬길이 열려 증조부 김상일金相一이 임관하였다. 고종은 김상일의 사주가 자신의 사주와 같음을 보고 내직에 있으면서 자신을 도와줄 것을 요청하였다. 이에 김상일은 2년 정도 내직에 있다가 외직으로 나가 울주 수령을 지냈으며, 충주진관병마절제사에 임명되기도 했다. 품계는 종2품 가선대부에 이르렀다.[3]

할아버지 김용응金鏞應(1869~1959)은 개화파에 속했으며, 나라가 망하자 독립운동에 나섰다. 그는 팔관회[4]라는 조직을 만든 뒤 중국 상하이上海로 건너갔다. 신규식, 신채호 등 민족주의자, 공산주의자, 아나키스트를 가리지 않고 교류하다가 귀

---

2   호적에는 9월 11일로 되어 있다.
3   이영구, 2015, 8쪽
4   팔관회는 김정관金正觀(김용응), 신예관申睨觀(신규식), 이회관李晦觀(이을규), 이우관李又觀(이정규), 원우관元友觀 등 8명으로 조직되었는데, 이들의 호에는 '관觀'이 들어가 있다.

국하였다. 귀국한 뒤에는 상해임시정부에 군자금을 조달하는 역할을 맡았다. 토지를 저당잡혀서 병농炳濃이라는 이름으로 상해임시정부에 보내기도 했다. 베이징에서 구입한 중국어로 된 맑스레닌주의 관련 서적을 우물 속에 감춰두고 팔관회 회원들과 함께 돌려가며 읽었다. 1925년에 조선사회운동자동맹 발기준비위원회에 괴산 대표로 참가하였으며, 1927년 10월 23일에는 괴산청년회관槐山靑年會館에서 신간회新幹會 괴산지회槐山支會 발기회를 개최하고 설립 준비작업을 맡았으며, 11월 26일에 열린 신간회 괴산지회 설립대회에서 지회장支會長으로 선임되었다. 그해 12월 27일 괴산청년회槐山靑年會 주최로 열린 '충청북도 사회운동자 간담회'에서 좌장으로 회의를 이끄는 등의 활동을 하다가, 1928년 5월 13일 안철수安喆洙 등과 함께 괴산경찰서에 체포되었다. 열흘 동안 취조를 당한 후 24일 동지 8명과 함께 이른바 '치안유지법 위반'으로 공주지방법원 검사국으로 송치되었으나, 8월 6일 예심이 종결되면서 정운석과 함께 면소免訴 처분을 받고 다음날 석방되었다.[5]

---

5   『공훈록』 제25권, 국가보훈처 ; 이호룡, 2001, 88~89쪽 ; "괴산 출신 독립운동가 김용응 선생 유공자 선정돼야" ; "괴산 '부자독립운동공적비' 한 많은 우리 현대사를 말한다" 등을 종합

김원식의 아버지 김태규는 1896년 6월 25일 충북 괴산군 소수면 수리에서 태어났으며, 13살에 본처 윤씨 부인과 결혼하였다. 1919년 5월 조용주, 연병호, 이병철, 류자명 등과 함께 대한민국청년외교단을 결성하고 재무부장으로서 상해임시정부의 활동자금 지원을 관장하는 등 국내의 독립운동에 관한 정보와 모금한 독립운동자금을 상해임시정부에 전달했다. 1919년 10월에는 외교 연구를 목적으로 상하이에 파견되어 상해임시정부에 참가하였다. 상해임시정부 괴산군 조사원에 임명된 그는 그 임무를 수행하기 위해 1919년 11월에 국내에 들어왔다가 대한애국부인회 사건으로 체포되어 1920년 6월 29일 대구지방법원에서 징역1년 형을 선고받았다.[6]

이후 서울에서 활동하는 과정에서 최옥순과 중혼하였다. 1923년 최옥순의 출산이 임박하자 고향으로 내려갔다. 당시 집안의 경제형편은 좋지 않았다. 독립운동자금을 조달하느라 빚이 많이 늘어나 있었던 것이다. 일본 경찰의 감시 속에서 신농법으로 농사를 지어 빚을 다 갚았다. 협동조합을 설립하여 활동하면서 미신타파운동도 전개했다. 사랑방에는 의열단원 유

---

6 『공훈록』 제7권, 국가보훈처 : "괴산 '부자독립운동공적비' 한 많은 우리 현대사를 말한다" : 김근수, 2021, 18쪽 등을 종합

석현(광복회장 역임) 등 상해임시정부 관계자들이 드나들었다. 일본이 회유책으로 양조장 설립까지 허락해주어 10년 정도 양조장을 경영하다가 다른 사람에게 양도했다. 대한민국 정부 수립 이후 이시영 계열이 감사원을 장악하면서 감사원에 들어갈 기회가 주어졌으나, 남조선노동당으로부터 김태규가 감사원으로 가지 못하게 하라는 지시를 받은 김원식의 반대로 감사원으로 가지 않았다.

어머니 최옥순은 서울 을지로에서 영창당건재약국을 경영하던 집안에서 태어났다. 남존여비 사상이 풍미한 시대상황 속에서 집안 어른들이 허락하지 않아 보통학교를 다니지 못하였다. 그녀는 아버지 몰래 상동교회 부속 공옥학교를 다녔다. 3·1운동 직후인 1920년에 차미리사가 조선여자교육회 내에 부인야학강습소(근화학원의 전신)를 설치하자 부인야학강습소로 옮겼다. 길눈이 어두워 인력거를 타고 다녔는데, 강습소에 갈 때는 까만 치마에 흰 저고리를 입었으며, 신발은 신식여성답게 굽 높은 구두를 신었다. 누군가의 소개로 만난 김태규와 1922년에 서울에서 결혼했는데, 당시 김태규는 윤씨와 이미 결혼한 상태였다. 1923년 출산일이 다가오자 김태규의 본가가 있는 고향으로 내려갈 준비를 했다. 고향으로 가는 여정은 험난했다. 진천까지는 차로 갔지만, 진천부터는 160리나 되는 거리를 인력거로 가야 했다. 먼저 괴산에 도착했다. 당시 괴산에는 증조부가 소실 및 그 자식들과 함께 살고 있었다. 소실의 서러움을 조금이라도 피하고 싶었던 그녀는 같은 처지인 증조모가 며칠 있을 것을 권유하자 이를 따랐다. 며칠 뒤 본가에서 가마를 보내와서 그 가마를 타고 20리 떨어진 고향으로 갔다. 본가는 대지가 1000여 평이나 되었는데, 그녀는 별채에서 생활하면서 출산하였다.

김원식이 태어나자 곧바로 증조모가 유모를 정하여 젖을 먹였다. 증조모와 조모가 양육하였는데, 궁중의 세자 돌보듯 하였다. 노복들은 아무도 이름을 부르지 못하고, 도련님이라 불렀다. 김원식이 홀로 젓가락질을 하면서부터는 증조부와 겸상하였는데, 아버지가 방문 앞에 기립 자세로 서서 밥시중을 들 정도로 귀하게 자랐다.[7] 종중에서는 일부 사람들이 김원식보다 3년 늦게 태어난 본처 소생 김형식을 종손으로 해야 한다고 주장했으나, 증조부는 이를 받아들이지 않았다.

일곱 살에 서당을 일년 정도 다니면서 천자문을 떼고 『동몽선습』을 몇 페이지 배우다가 1930년에 괴산에 있는 보통학교에 들어갔다. 이듬해에 소수면에 보통학교가 생기자, 2학년으로 편입해서 4학년까지 다니다가 5학년부터는 괴산보통학교

---

7   이영구, 2015, 8쪽

에서 배웠다(소수면의 보통학교는 4년제임). 5학년 때 황갑봉 선생으로부터 한국 역사에 관한 이야기를 듣고 감동을 받았다. 할아버지와 아버지가 독립운동을 하였지만, 주위 사람들로부터 그에 관한 얘기는 듣지 못하였다.

보통학교 6학년 때 증조부가 위독하였다. 많은 사람들이 증조부 곁에 앉아서 병세를 살폈다. 종손인 김원식도 자리를 같이 해야 했다. 이어 장례식 준비에도 참가하였다. 상급 학교 입학시험일이 다가왔다. 김원식은 서울로 진학하고자 하였으나, 아버지의 반대로 청주공립고등보통학교에 응시하였다. 증조부 장례 때문에 석 달 동안 입학시험 준비를 하지 못한 김원식은 입학시험에서 떨어지고 말았다. 이어 서울 중앙고등보통학교에 응시하여 합격하였다. 하지만 아버지가 사회주의에 물들까 염려하여 입학금을 주지 않는 바람에 입학할 수가 없었다. 결국 다음 해인 1937년에 청주공립고등보통학교에 응시하여 일등으로 합격하였다.

고등보통학교 생활은 일제의 철저한 통제 속에서 이루어졌다. 하기(6월 1일~9월 말)에는 오후 8시, 동기(10월 1일~5월 31일)에는 오후 7시 이후 학생들의 야간 외출이 금지된 환경 속에서 학교를 다녔다. 야간 외출을 하다 걸리면 정학 처분을 받았다. 당시 학교 측은 교내에 봉안전[8]을 지어 어진영(천황과 황후의 초상)을 차려놓고, 학생들이 학교를 출입할 때 경례를 하게끔 하였다. 축제일에는 강당에서 교육칙어 낭독식을 거행하였으며, 어진영 참배식도 하였다.

2학년 때 천관우[9]와 함께 신문을 제작하였다. 당시 유행하던 노래에 보기 싫은 선생들의 별명을 집어넣어 개사한 노래를 신문에 게재하였는데, 이것이 전교에 퍼져 문제가 되었다. 가사 내용이 민족적인 것은 아니어서 크게 문제 되지는 않았다. 하지만 전교로 퍼진 것에 대한 책임을 따지는 과정에서 천관우와의 관계가 틀어졌다. 4년간 사적인 자리에서는 말도 하지 않다가, 5학년 방학 때 천관우에게 연락을 하여 서울에서 만나 관계를 회복하였다. 천관우와는 평생지기로서 죽을 때까지 친분 관계를 유지하였다.

당시 조선총독부는 근로봉사라는 명목으로 어린 학생들의 노동력을 착취하였다. 1939년 청주고등보통학교 3학년 학생들은 여름방학 기간에 청주사범학교 부지를 닦는 데 동원되었다. 김원식은 10여 일을 근로봉사하다가 허리를 다쳤다. 한약방을

---

8 일제는 본국과 그 식민지 학교에 봉안전을 지어놓고 그 안에 천황과 황후의 초상, 교육칙어 등을 넣어두었다.
9 천관우千寬宇(1925. 8. 10~1991. 1. 15)는 한 평생을 한국사 연구에 바친 민족주의 계열의 역사학자이면서 한국의 대표적인 언론인으로서 민주화운동에도 참가하였다.

하는 외가에서 주는 웅담을 먹고 치료하였다. 4학년 때는 청주 연초제조창에 가서 근로봉사를 해야 했다.

1940년 9월 13일에 일본으로 수학여행을 갔는데, 일본 시조 진무천황릉神武天皇陵과 이세신궁伊勢神宮(미에三重현 이세伊勢 시에 있는 황대신궁皇大神宮과 풍수대신궁豊受大神宮의 총칭) 등을 참배하였다. 김원식은 궁성 광장 공사장에서 근로봉사를 하면서 일제에 대한 반항심을 키워갔다. 원족(소풍)을 통해 극기훈련이 실시되었는데, 이때의 훈련이 나중의 감옥생활에 도움이 되기도 하였다고 한다. 극기훈련 과정에서 1명이 죽고 1명이 병드는 일이 발생했다. 이에 일제의 교육방침에 반항하는 마음이 생겨났다.

청주중학교[10]를 졸업하고 상급 학교 진학을 준비해야 했다. 식민지 대학은 다니기 싫어서 천관우와 함께 일본으로 갔다. 어느 고등학교에 응시하였으나 떨어졌다. 천관우는 귀국하고 김원식만 도쿄東京로 가서 와세다早稲田대학에 응시하여 1차에 합격하였다. 하지만 구술고사에서 떨어지고 말았다. 재수를 하

---

10 1938년 제3차 조선교육령에 따라 학제가 개편되어 6년제의 고등보통학교는 5년제의 중학교로 바뀌었다. 이에 따라 청주공립고등보통학교는 청주중학교로 변경되었다.

기로 하였다. 일본에 있는 예비학교에 들어가 입시를 준비할까 고민하다가 서울에서 재수하기로 결정하고 귀국하였다. 경복중학교 보습과에서 재수하면서 대학입시를 준비하였다. 1942년 대학입시를 준비하는 동안 할아버지가 정해준 집안의 딸과 결혼하였다.

김원식은 대학입시를 준비하면서 아버지가 빚을 갚고 남은 돈으로 서울 종로구 계동에 사둔 집에서 생활하였다. 할머니와 큰어머니(아버지의 본처), 본처 등이 시골집을 지켰고, 서울 집에는 할아버지, 아버지, 친어머니 등이 생활하였다. 김원식은 일본으로 유학을 가고 싶었지만, 할아버지가 일본에 가면 폭격으로 죽기 십상이라면서 반대하는 바람에 일본 유학을 거의 포기하였다. 천관우는 보성전문학교에 진학하였지만, 김원식은 상급 학교 입학시험에 응시하지 않았다.

조선총독부는 부족한 노동력을 보충하기 위하여 한국인들을 강제동원하고자 하였다. 상급 학교 진학에 실패한 김원식은 연령 제한에서 몇 달 차이로 징병 대상에서는 제외되었지만, 징용은 피할 수 없었다. 김원식은 징용을 피하기 위해 어느 지역의 군수로 있던 아버지 고종사촌의 소개로 시골에서 일 년간 교사 생활을 하였다. 일본의 패전을 확신하게 된 김원식은 상급 학교에 진학하기로 결심하고, 일본에 가서 대학입시를 준비하였다. 하지만 일본이 곧 패망한다는 얘기를 듣고 귀국하였다.

1945년 봄, 징병을 가거나 징용에 끌려간 가족들의 반발이 생기자 조선총독부는 이들 가족에 대한 원호사업을 전개하였다. 징용을 피하기 위해 두문불출하다시피 하던 김원식은 누구의 추천으로 홍명희 손자와 함께 원호사업을 담당하였다. 8월 6일 원호 관계 일로 지방으로 출장을 갔다. 그런데 대전역에서 히로시마에 원자폭탄이 떨어졌다는 소식을 들었다. 이 소식이 퍼지면서 철도교통이 거의 두절되다시피 하자 출장을 포기하고 집으로 돌아가기로 결정하였다. 조치원역에서 내려 청주까지 약 20㎞를 걸어갔다.

 8월 9일 소련이 대일전에 참전하였고, 8월 15일에는 일본이 항복선언을 하였다. 16일부터 친일파에 대한 민중들의 응징이 시작되었다. 특히 파출소의 순경과 면사무소에서 징용·징병을 담당하던 서기 등이 그 대상이 되었다. 이러한 상황에서 김원식은 아버지와 협의하여 8월 20일 무렵 서울로 올라갔다. 아버지는 괴산군 치안유지회에 참가하여 소수면 치안유지회 회장으로 활동하였다.

2. 공산주의에 눈뜨다

해방 이후 할아버지와 아버지는 정치에 관여하지 않고 시골에서 소일하면서 생활하였다. 해방 직후 충청북도인민위원회 위원장을 역임하기도 했던 할아버지는 임시정부 인사들과 어울리며 아버지의 사회진출을 주선하고자 하였으나, 김원식은 이에 대해 반대하였다. 아버지는 김원식의 의사를 수용하여 정치판에 뛰어들지 않았다. 서울로 올라간 김원식은 할아버지의 소개로 이시영, 조소앙, 김구 등에게 인사를 하였지만, 이들에 대한 존경심은 없었다. 오히려 속으로는 이들이 반동적이라고까지 생각하였다.

김원식은 천관우와 정세에 관한 이야기나 학생들의 동향 등에 대해 의견을 나누면서 상급 학교에 진학하기로 결심하였다. 천관우가 제공해준 정보에 따라 경성제국대학 보충생 모집에 응시하여 합격하였다. 예과에 적을 두었는데, 1947년에 서울대로 편입되었다.

1945년 8월 15일 일제의 식민지배로부터 해방이 되자 8월 17일 경성제국대학을 중심으로 "단결과 치안"을 기치로 내걸고 조선학도대가 결성되었다. 경성제국대학 법문학부 졸업반 서임수가 대장이 되었다. 서임수는 이층으로 된 적산 가옥 한 채를 접수하고, 거기에 조선인문과학연구소를 설립하였다. 김원식은 천관우와 함께 조선인문과학연구소를 드나들었다. 서임수의 제안으로 여러 사람이 모여 일본어판 『자본론』 다섯 권을 읽고 토론하였다. 김상엽이 『자본론』 강독을 지도하였는데, 다들 토론에 적극적으로 참가하였다. 김원식도 『자본론』을 밤새워 읽고 맡은 부분을 발표하였다. 이들은 양주동, 이병기 등을 찾아가 가르침을 받기도 했다. 그 과정에서 좌익 인사인 김동석[11]이 저술한 평론집 『예술과 생활』도 읽고 토론하였다.

1945년 12월 모스크바3상회의 결정이 발표되었다. 모스크바3상회의의 내용은 임시조선민주주의정부를 수립하고 미소공동위원회를 설치할 것, 미소공동위원회는 임시조선민주주의정부와 민주주의단체의 참여하에 조선 인민의 정치적 경제적 사회적 진보와 민주주의적 자치발전과 독립국가 수립을 원조협력하는 방안을 작성할 것, 최고 5년 기한의 4개국 신탁통치를 실시할 것 등이었다. 하지만 『동아일보』를 비롯한 남한의 신문들은 미국은 조선의 즉각 독립을 주장한 데 비해, 소련은 남북 양 지역을 일괄한 1국 신탁통치를 주장하였다고 보도하였다. 이에 남한에서는 신탁통치 반대운동이 전개되었다. 하지만 모

---

11 김동석은 해방 이후 조선문학가동맹에 가입하여 비평가로 활동하였으며, 주간 『상아탑象牙塔』을 간행하였다. 1946년 문학대중화운동위원회 위원을 역임하였고, 해방 이후 발표한 평론들을 모아 1947년에 『예술과 생활』을 출판하였다. 1950년에 가족과 함께 월북하였다.

스크바3상회의 결정의 내용이 알려지면서 공산주의 단체들은 모스크바3상회의 결정을 절대지지한다고 선언하였다.

모스크바3상회의 결정을 둘러싸고 좌익과 우익이 대립하는 가운데 1946년 3월 20일 미소공동위원회가 서울에서 개최되었다. 미소공동위원회는 4월 17일 협의 대상이 될 정당과 단체는 모스크바3상회의 결정에 대한 지지를 약속하는 선언서에 서명해야 한다는 것을 골자로 하는 공동성명까지 발표하였지만, 협의 대상을 둘러싸고 미국과 소련은 합의를 보지 못하였다. 결국 미소공동위원회는 휴회되고 말았다.

미소공동위원회가 휴회되면서 미 군정은 공산주의자에 대한 공개적인 탄압을 대대적으로 개시하였다. 미 군정은 1946년 5월 조선공산당이 활동자금을 마련하기 위하여 정판사에서 위조지폐를 발행하였다면서 조선공산당 간부들을 대거 구속하였다. 조선공산당은 정판사위조지폐사건은 허위 날조된 것이라며 반발하였지만, 11월 28일의 선고공판에서 이관술·박낙종·송언필·김창선 등에게 무기징역, 이광범·박상근·정명환에게는 징역15년, 김상선·홍계훈·김우용에게는 징역10년이 각각 선고되었다.

공산주의자들에 대한 탄압이 계속되는 가운데 1946년 7월 13일 미 군정청은 경성제국대학과 경성의학전문학교, 경성치과의학전문학교, 경성법학전문학교, 경성고등공업학교, 경성고등상업학교, 수원고등농업학교 등을 통합하는 '국립서울대안'을 발표하였다. 8월 4일 11개 전문학교 대표와 중등학교 대표 등이 '국립서울대안 반대 공동대책위원회'를 결성하는 등 반대 여론이 거셌지만, 미 군정청은 8월 23일 군정령으로 국립서울대학교 신설을 강행하였다. 이에 국립서울대안 반대투쟁이 전국적으로 전개되었다.

이러한 가운데 김원식은 교육봉사활동에 참가하기도 하였다. 1946년 3월 15일 홍범희가 원주에서 육민관을 설립한 뒤, 7월 22일에 육민관고등학교 설립인가를 받자, 김원식은 친구들과 함께 교사 노릇을 하였다. 그리고 많은 후원금을 기부하여 재정적인 도움을 주기도 하였다.

1947년 5월 제2차 미소공동위원회가 속개되었다. 하지만 미국과 소련은 협의 대상 문제에 대해서 합의를 보지 못하였다. 결국 미국은 미소공동위원회 결렬을 선언하고 한국 문제를 유엔에 상정하였다. 소련은 유엔은 한국 문제에 개입할 자격이 없다면서 반대를 하였지만, 유엔은 한반도에서 인구비례에 따른 총선거를 치르기로 결정하고 총선을 관리·감시할 유엔한국임시위원단을 구성하여 파견하였다. 소련과 북한이 유엔한국임시위원단의 입북을 거부하자 유엔은 남한단독선거를 실시하기로 결정하였다. 이러한 정세 속에서 서울대 학생들은 남한단독선거 실시를 두고 찬반으로 갈라졌다. 조선인문과학연구소도 좌우로 분열되어 뿔뿔이 다 흩어지고 말았다.

김원식은 조선인문과학연구소에서 토론하는 과정에서 조선민족은 어느 길로 가는 것이 옳은가 하는 문제에 대해 고민하기 시작하면서 점차 공산주의로 경도되어 갔다. 그는 정판사 위조지폐사건을 계기로 공산주의를 자신의 사상으로 정립하였다. 김원식이 공산주의자가 된 것은 약자에 대한 계급적 양심과 '민중이 역사의 주인'이라는 의식에서 비롯되었다. 그는 어렸을 때부터 소작인들이나 하인들 즉 약자에 군림하지 않았다.

김원식이 공산주의자가 되는 데 결정적인 역할을 한 사람은 동생 김형식이다. 김형식은 김원식의 이복 남동생으로 1945년 괴산 소수초등학교 교사로 재직하다가 11월 서울대 법학대학 전신인 경성법학전문학교에 입학하였다. 1947년에 서울대 법과대학에 편입한 뒤 서울대 민주학생연맹 간부를 맡았다. 그는 조선공산당 입당번호가 100번 이내였던(이들은 모두 당 중앙 간부임) 서울대 법과대학 동기 백승준의 지도로 공산주의자가 되었다. 그는 모스크바3상회의 결정 절대지지의 입장을 취하며, 좌익 청년들을 이끌고 종로와 명동 일대에서 우익 청년들과 격돌하는 등 행동대장으로 활동하였다. 좌익이 동대문운동장에서 개최한 1947년 3·1절기념행사에도 참가하였다. 서북청년단과 경찰들이 기념행사 파괴를 책동하자 김형식은 행동대로서 이에 맞서 싸웠다. 김원식은 투쟁에는 참가하지 않고 관중석에서 충돌 과정을 살펴보았다.

김형식은 조선공산당 조직에 흡수되어 집을 나가 활동하다가 1949년 서울대 법과대학을 중퇴하고 백승준의 추천으로 2월에 월북하여 강동정치학원[12]과 제2군관학교에서 교육을 받았다. 1950년 6월 6·25전쟁 직전 남도부부대[13](제7군단)에 소속되어 울진으로 남파되었다.[14] 부대 개편시 윤종구의 후임으로 제19대 대장에 취임하여 신불산 일대에서 빨치산 활동을 하였

---

12 강동정치학원은 1947년 평안남도 강동군에 설립된 유격대원 배출 전문 정치군사기관이다.
13 남도부는 본명이 하준수로 일제강점기부터 지리산에서 빨치산 활동을 하였다. 해방 이후에도 지리산에서 빨치산활동을 하다가 월북하여 강동정치학원 특별전술연구반 부대장 겸 군사교관으로 부임하였다. 1949년 8월 제3병단 부사령관으로 취임하여 경북 보현산에서 빨치산 활동을 전개하다가 1950년 4월 북상하였다. 1950년 6월 6·25전쟁 직전 남도부라는 이름으로 제7군단을 이끌고 울진으로 침투하여 빨치산 활동을 전개하였다. 남도부부대는 동해여단, 팔공산부대, 남한유격대 등의 이름으로 불리기도 하였다. 1951년 2월 제3지대로 통합되었다. 남도부는 1954년 도심 진출을 모색하다가 체포되어 10월 14일 중앙고등군법회의에서 사형 판결을 받았다.
14 6·25전쟁 직전에 북한에서 빨치산들이 몇 갈래로 남파되었는데, 이 중 옹진반도 해방부대는 서울 내자아파트에서 집결하였다가 춘천쪽으로 내려왔다. 춘천쪽으로 내려온 부대는 서울로 오지 않았다. 빨치산 경상남도(남도부부대)와 경상북도 해방부대(강병수부대)는 6월 6·25전쟁 직전 울진으로 침투하였다. 경상북도 해방부대와 경상남도 해방부대는 대부대로 경북 봉화 제산에서 경찰과 전투를 벌였다.

김형식(1926~2016, 김원식 동생, 사진 청주시립미술관 제공)

다. 1951년 겨울에 동래부대장으로 활동하다가 1952년 군경 토벌대에 검거되었다. 사형을 구형받았으나 아버지의 구명활동으로 무기징역을 선고받았다. 4월민주항쟁 시 징역20년으로 감형되어 1972년에 만기석방되었다.[15]

---

15   『그림 그리기 좋은 날』(고 김형식·왕철수 2인 전 리플릿, 2019. 3. 14~2019. 5. 26, 청주시립미술관) ; 『중앙일보』 1999년 11월 18일자(인터넷) ; 충북문화 블로그(https://blog.naver.com/cbkb21/221503637315, 2019. 4. 2) ; "괴산 '부자독립운동공적비' 한 많은 우리 현대사를 말한다" ; "빨치산 활동의 전위대 역할 강동정치학원을 아시나요" ; "소석과 추일(秋日)" 등을 종합

3. 남조선노동당에 입당하다

1947년에 서울대에 편입한 김원식은 3월 무렵 서울대 민주학생연맹에 평맹원으로 가입하였다.[16] 이후 한운사韓雲史, 강호웅姜鎬雄 등과 함께 국립서울대안 반대투쟁을 전개하였으며, 1947년 가을쯤에는 백승준[17]의 지시로 남한단독선거 반대투쟁에 참가하였다. 1948년 천관우가 서울대 학생회장이 되자 총무부장으로서 활동하였다.[18] 그리고 서울대학생회의 학보 발행에 관계하고, 학보에 글도 게재하였다. 총장실 동향을 파악하라는 서울대학생회의 지시를 받고, 이춘호 총장, 장이욱 총장 등을 만나면서 정보를 수집하였다. 김원식이 수집한 총장실 동향에 관한 정보는 김원식이 모르는 사이에 좌익의 손으로 넘어갔다.

김원식은 선전활동을 통한 훈련 과정을 거치면서 1948년 무렵에 남조선노동당에 입당원서를 제출하였다.[19] 입당원서를

---

16   『조선일보』 1958년 8월 3일자(석간)
17   백승준은 신의주고보 출신으로 김형식이 1949년에 월북한 이후 김원식의 집에서 생활하였으며, 김원식 가족과 가깝게 지냈다.
18   『동아일보』 1958년 8월 9일자 ; 『경향신문』 1958년 8월 9일자(석간) ; 『조선일보』 1958년 8월 9일자(석간) 등을 종합
19   『조선일보』 1958년 8월 3일자(석간)는 김원식이 1947년 5월에 남조선노동당에 가입한 것으로 보도하였으나, 김원식의 입당 시기는 1948년으로 보인다.

내면서 마음가짐을 가다듬었는데, 체포될 위험을 무릅쓰는 것은 물론이고 조국을 위해서는 생명을 바칠 각오도 해야 했다. 나아가 지리산 빨치산투쟁을 하다가 죽을 각오도 다져야 했다.

김원식은 남조선노동당에 입당원서를 제출한 뒤 가혹하다 할 정도의 훈련을 받았다. 전단을 붙이고 뿌리는 일, 일반 가정집을 개별 방문해서 집 주인에게 전단을 주는 일 등등을 수없이 하였다. 1948년 남조선노동당 간부 박재선의 시험을 거친 뒤에는 비선을 통해 밀명을 받아 학내에서 학도호국단[20]과 교련 반대에 관한 선전선동 작업 등을 시행하였다. "군사교련 반대" 등이 쓰여진 전단과 벽보를 살포하다가 서대문서에 피검되기도 하였다.[21] 학도호국단과 교련에 반대하는 내용의 글을 『문리대학보』에 게재하였는데, 이것이 문제가 되어 징계위원회에 회부되어 제적당하였다.[22]

제적된 뒤에는 내려오는 지시가 수천 장의 전단 제작 등으

20　1948년 10월에 학도호국단 조직방안이 구체화되고 조직요강이 완성되었다. 1949년 4월에 중앙학도호국단이 결성되었고, 그 해 9월에 대통령령(186호)으로 '대한민국학도호국단규정'이 공포되었다.

21　『동아일보』 1958년 8월 9일자 ; 『경향신문』 1958년 8월 9일자(석간) ; 『조선일보』 1958년 8월 9일자(석간) 등을 종합

22　김근수, 2021, 24쪽

로 그 규모가 점차 커졌다. 김원식은 본인이 소유하고 있는 등사판으로 전단을 제작하여 시내에 살포하거나, 한 손에 들어올 수 있을 정도 크기의 전단을 200~300장씩 묶어 전달하였다. 이러한 활동은 공산주의 활동가로서의 소질을 양성하는 훈련과정이기도 하였다. 그 과정에서 두 번이나 체포되었는데, 두 번째로 체포된 시기는 1948년 여름이었다.

입당원서를 낸 뒤 자금조달 과업이 하달되었다. 비밀리에 아버지에게 얘기해서 매달 상당한 금액의 자금을 지원받았다. 김원식은 자금조달을 위해 친구들이나 주위의 동정분자들을 설득하여 그들로부터도 수금하였다.

김원식은 입당을 하였음에도 무슨 연유에서인지 당원 번호를 받지 못하였는데, 이 때문에 6·25전쟁 기간에 당으로부터 추궁을 당하기도 하였다. 결국 당원번호 문제를 해결하지 못한 채 당 활동을 계속하였다. 그는 남조선노동당 지하활동을 하면서 지리산으로 파견투쟁을 나간 대원들에 대한 소식이나 지리산 빨치산투쟁 상황 등에 대해서도 간간이 들었다.

할아버지와 아버지는 김원식의 활동을 이해하고 지원해주었으며, 공산당 활동을 하지 못하게 막지는 않았다. 집에 안 들어간 지 몇 년이 된 상태에서 길거리에서 우연히 할아버지를 만났는데, 할아버지는 "망할 놈"이라고만 하고 붙잡아 집으로 데리고 가려고는 하지 않았다.

1948년 8월 하순 무렵 며칠 전에 체포된 백승준으로부터 만나자는 연락이 왔다. 만반의 준비를 한 뒤 접선 장소로 나가 고문으로 병신이 되다시피 한 백승준을 만났다. 체포된 지 한 달 이상이 지난 동지의 집이 안전하다는 판단하에 택시를 타고 거기로 갔다. 당시 서울시 일원에는 날이 어둑해질 무렵부터 곳곳에서 무장 경찰과 사복 경찰들이 불심검문을 하는 등 삼엄한 경비가 펼쳐지고 있었다. 백승준이 털어놓은 말은 5일째 계속되는 고문 끝에 어젯밤에 한 군데 거짓 장소를 불 수밖에 없었고, 그 장소를 수색하는 동안 운전사가 조는 틈을 이용해 탈출한 뒤 연락이 가능한 사람을 찾아 연락했다는 것이다.

　다시 그 집을 빠져 나와 택시를 타고 다른 곳으로 이동하여 돈을 구하였다. 하룻밤을 새우고 8월 31일 서울역으로 가서 기차를 타고 대천해수욕장으로 갔다. 김원식이 해수욕장을 간 것은 그때가 처음이자 마지막이었다. 다음날 경찰이 추적해 온 것을 알아차리고 어두워질 때를 기다려 걸어서 대천으로 갔다. 대천에서 다시 걸어서 서천을 거쳐 장항으로 갔으며, 장항에서 배를 타고 군산을 거쳐 목포로 갔다. 당시 목포에는 김원식의 아버지가 사업자금을 제공한 고래잡이업에 종사하는 사람이 있었는데, 이 사람의 도움을 받아 아지트를 건설하였다. 백승준은 6·25전쟁 이전까지 거기에 숨어 있었다. 백승준은 6·25전쟁 때 월북하지 못하고 남한에 있다가 체포되어 무기징역형을 선고받고 복역하다가 서울대 법과대학 동기들의 도움으로 석방되었다. 김원식은 6·25전쟁이 발발하기 전까지 목포 아지트를 피신처로 가끔 이용하기도 했다.

김원식은 1948년 여름에 두 번째 체포되었다가 풀려난 이후 그동안 전개한 활동을 인정받아 1948년 가을쯤 서울시당 학생구당 EC지구당 위원장을 맡았다. EC지구당은 서울대 사범대학, 공과대학, 상과대학, 치과대학, 사범대학부속고등학교 등 5개 학교를 포괄하였다. 김원식은 상부의 지시로 낙산에 아지트를 건설하였는데, 아지트는 수시로 바꾸었다.

김원식은 수유리에도 아지트를 만들었다. ECA[23]에서 부장급으로 근무하고 있던 청주중학교 동기 이완승을 의식화를 통해 공산주의로 전향시킨 김원식은 그로 하여금 수유리에 집을 구입해 살게 하였다. 그는 1948년 말에 수유리 이완승의 집을 아지트로 구축하였다.

남조선노동당은 '2·7구국투쟁'을 계기로 무장투쟁 지상주의

---

23   ECA(Economic Cooperation Administration)는 미국의 대외원조기구로 정식 명칭은 경제협조처이다. 제2차 세계대전 후 미국 국무장관인 마셜이 주도한 유럽 부흥계획인 마셜 플랜(Marshall Plan)을 실시하기 위한 대통령 직속기관으로 경제협력법(Economic Cooperation Act)에 의거해 출범했는데, 1948년 4월에 발족하였다.

로 나아갔다. 노동자들로 하여금 파업에만 그치지 않고, 파업을 전개한 뒤 민중과 합세하여 선거사무소와 경찰서를 습격하거나 시위를 벌이는 등 무장투쟁을 전개하든지, 아니면 파업과 상관없이 폭동을 일으키도록 하였다. 서울시당은 당원들에게 지리산으로 입산할 것을 명령하였으며. 남조선노동당 소속 학생들은 지리산으로 현지파견을 나갔다.

상부로부터 서울 시내에서도 무장투쟁을 개시하라는 지시가 내려왔다. 이에 김원식은 혜화파출소를 습격하기로 결정하고 만반의 준비를 하였다. 사전답사를 해서 각 행동에 걸리는 시간까지 측정하는 등 준비를 마쳤지만, 파출소 습격이나 지리산 파견투쟁 등의 지시는 내려오지 않았다. 1948~1949년 남조선노동당 지도부는 전력을 비축하지 않고 군중 속에서 삐라를 살포하게 하는 등 당원들을 노출시키는 지시를 자주 내렸다. 1948년 말 무렵 중앙당 내포 후보로 추천받아 심사를 받았지만, 당이 실질적 기능을 상실하면서 무산되었다. 당시 서울시당책은 김삼룡이었고, 중앙당 지도원은 다른 곳으로 이주하였다.

6·25전쟁이 발발하기 전 상부와의 연락선이 끊어졌다. 상부로부터 정세판단이 내려오지 않는 가운데 김원식은 본인이 할 수 있는 선에서 최선을 다하기로 하고 세포 활동을 지속하였다. 그는 당면과제를 해결하기 위해서는 세포를 키워야 한다고

보고, 하부조직을 키워나가는 데 전력을 기울였다. 그는 희망은 낭만이지만, 이를 한 발짝 진전시키면 실천이 되며, 낭만은 실천과 더불어 존재한다는 것을 자신의 신조로 삼고, 하부 조직원들에게 조만간 남한이 해방될 거라는 희망을 심어주었다. 그의 이러한 활동방식은 상부로부터 좋은 평가를 받았다. 당시 김원식은 집에는 들어가지 못하고, 아버지가 사놓은 중랑교 인근의 농장에 있던 집에 아지트를 마련하였다. 1950년 4~5월 무렵 가족들은 김원식이 집에 들어오지 못하는 가운데 형사들의 등쌀에 못이겨 돈암동에서 상도동으로 이사하였다.

4. 조선노동당 정치위원으로 활동하다

1950년 6월 6·25전쟁이 발발하였다. 6월 25일 북한 인민군은 전격적으로 남하하여 6월 28일에는 서울에 입성하였다. 6월 27일 무렵 김원식은 같은 고향의 대학 동기인 극작가 한운사의 집에 잠복하고 있었다. 한운사의 집은 적산을 구입한 것으로 한남동에 있었다. 북한 인민군이 서울에 입성하자 김원식은 한운사로 하여금 군중 앞에서 북한 인민군을 환영하는 연설을 하게 하였다. 그 내용은 김일성 장군을 받들어 미국과 이승만 일당을 쳐부수자라는 것이었다. 김원식은 한운사가 운전하는 지프차를 타고 시내로 나갔다. 하지만 을지로6가에서 차의 시동이 꺼지는 바람에 권이혁의 처가 경영하는 정비공장에서 고장난 차를 수리하였다. 서울시청 앞에서 한운사와 헤어졌다.

　김원식은 걸어서 동숭동 서울대 문리과대학 캠퍼스로 가서 소파 위에서 잠을 잤다. 29일 감옥에서 풀려난 사람들과 친구들이 학교로 몰려와서 그들과 회포를 풀었다. 29일 밤 남조선노동당 관련자들이 서울대 문리과대학 학장실에 모여 토론하였는데, 김원식의 제안으로 "현장에 답이 있다"며 전선으로 나가기로 결의하였다. 김원식이 결의문을 발표하였다. 30일 저녁 무렵 내자아파트[24]

24　내자아파트는 해방 이후 미군 군속, 신문기자, 관리 등 미국인들의 숙소로 이용되었다.

에 있던 당을 찾아갔는데, 내자아파트에는 당 간부들과 빨치산 대원들이 모여 있었다. 강동정치학원 서울분교도 설치되어 있었다.

강동정치학원 서울분교에 모인 당원들은 전선으로 내려갔다. 의용군을 조직하는 것을 돕던 김원식은 이기석부대(사령관 이기석, 부사령관 김석대)에 편성되었다. 이기석부대는 700여 명으로 구성되었다. 강동정치학원 서울분교에서 기관단총을 배급받은 김원식은 이기석부대를 따라 전선으로 내려갔다. 경기도 광주까지 내려갔으나 길이 막혀 양평으로 갔다. 양평에서 한강을 건너 강변을 따라 가다가 다시 한강을 건너 여주까지 갔는데, 밤에만 이동하였다. 낮에는 미군 비행기의 폭격 때문에 행진을 하지 못하고 숨어야 했다. 촌락에서 쉬지 못하고 녹음이 우거진 곳에 숨었다. 밥은 근처에 있는 부락에 내려가서 해 가지고 와서 먹었다.

여주, 장호원 등을 거쳐 달천강을 건너 충주로 향하였는데, 제1차 집결지는 충주군청이었다. 대포를 실은 마차가 습지에 빠진 것을 꺼내주느라 30분 정도 늦게 집결지에 도착하였는데, 이 때문에 기다리고 있던 사람들로부터 질책을 당하였다. 마차를 꺼내준 것은 잘한 일이나 약속 시간에 늦는 것은 근본을 망각한 행위라는 이유에서였다.

김원식은 처음에는 대원이었으나 전선으로 내려가는 도중에 중대 정치조직에 편성되었다. 충주군청에서 잠을 잔 후 다음날 새벽에 수안보를 향해 출발하였다. 하룻밤을 산에서 자고 다음날 수안보에 도착하였다. 수안보에 도착한 뒤, 하나의 사건이 터졌다. 의용군으로 편입된 자들 중 몇 명이 반동행위를 도모하다가 발각이 되어 주동자 2명이 처형된 것이다. 김원식에 대한 소식이 고향 집에 전해졌다.

행진은 계속되었다. 수안보에서 조직원을 통해 괴산군당의 상황을 전해 들은 부대는 밤에 문경새재를 넘어 문경 시내 근처에 도착하였다. 저녁 무렵에 문경 시내로 들어가려고 할 때, 적이 쳐들어온다는 소식이 전해졌다. 이어 문경새재쪽으로 후퇴하라는 명령이 내려왔다. 당시 7~8명의 중대 정치지도원 중 한 명이었던 김원식은 당황하는 부대원들을 수습하여 후퇴하게 한 뒤 제일 마지막에 철수하였다. 후퇴를 완료한 뒤 개최된 회의에서 영주로 가기로 결정이 났다. 걸어서 수안보를 지나 충주는 들르지 않고 단양으로 갔다가 단양에서 죽령을 넘어 풍기로 가서 영주, 안동으로 향하였다.

영주에서 조직개편이 이루어져 김원식은 예천군당 소속으로 변경되었다. 예천군당은 권태두(위원장), 김원식, 노옥희 3명으로 구성되었다. 권태두 위원장은 예천에서 공산주의 활동을 하다가 월북하여, 노옥희와 함께 강동정치학원에서 교육을 받고, 빨치산 옹진군해방부대원으로 남파된 인물이었다. 3명은 밤새 걸어서 예천군으로 들어갔는데, 이들이 예천으로 들어가기 전에 이미 예천군 사람들이 반동분자들을 잡아놓고 있었다. 권태두, 김원식, 노옥희 등은 예천으로 들어가서 이 반동분자들을 처형하고 예천군당을 재건하였다.

김원식은 낮에는 선전작업을 하는 한편, 밤에는 석유 등잔불을 가리고 북한 노동당에서 출판한 소련공산당 관련 서적을 읽었다. 등잔불을 가린 것은 비행기 폭격이나 잔당들의 습격을 피하기 위해서였다. 김원식이 읽는 책들은 활자가 큰 데다 지질까지 나빠 두꺼웠다. 책을 읽으며 노동자 출신인 노옥희로부터 강동정치학원 생활에 대해 들었다. 그녀에게 공산당사를 가르쳐 주면서 토론도 하였다. 노옥희와 함께 런닝셔츠 차림으로 생활하였지만, 여자가 아닌 동지로 인식하고 있었기 때문에 성적 충동을 느끼지는 않았다. 이불은 없었고, 모기를 막기 위해 자루 같은 것을 뒤집어쓰고 잤다.

예천에 머문 지 5~6일 정도가 지나자 당으로부터 소환장이 와서 노옥희와 함께 상부 당으로 갔다. 부대 편제 개편이 이루어졌다. 대열은 의성·군위로 해서 대구로 들어가는 그룹, 상주·김천·칠곡을 거쳐 대구로 들어가는 그룹, 영주·동해안·포항을 거쳐 대구로 들어가는 그룹 등 세 갈래로 나뉘었다. 김원식은 노옥희와 헤어져 의성군당으로 갔다. 의성군당에는 위원장이 없어서 김원식이 그 역할을 맡았다. 하지만 의성군당 위원장 후보는 아니었다. 당시 경북도당과 이기석부대는 안동에 있었다.

김원식은 서울대 수학과 1학년 노한택과 함께 의성으로 갔다. 노한택은 6월 29일 밤 서울대 문리과대학에서의 난상토론에 참가한 뒤, 김원식을 따라 나선 인물이다. 의성군에는 국군이 후퇴하면서 사람들을 데리고 간 데다가 남은 사람들조차 산으로 피난을 간 탓에 마을은 거의 텅 비어 있었다. 그래서 두 사람씩 짝을 이루어 밤에 산으로 가서 공작을 하였다. 동네 사람들에게 연설하거나 노래를 부르면서 인민군이 해방군임을 선전하는 작업을 수행하여 그들로 하여금 산에서 내려오게 만들었다. 의성에서의 선전작업이 어느 정도 궤도에 오른 상태에서 당으로부터 안동으로 들어오라는 명령이 하달되었다. 안동에 있던 경북도당에 들어갔는데, 이기석은 김일성의 소환으로 평양으로 떠나고 없었다.

안동에 있을 때 이기석부대는 해산하라는 통보를 받았고, 김원식은 도당 소속으로 편입되었다. 함께 내려왔던 사람들 중 4~5명이 도당에 남았다. 당시 도당 위원장은 남한 사람, 부위원장은 북한 사람이 맡았다. 경북도당 위원장은 박종근이었다. 도당에서 당원들과 함께 식사를 같이하면서 생활하였는데, 식사는 쌀 한 점 없는 순보리밥에다 감자를 섞어 삶은 것에다 된장, 생마늘, 풋고추 등을 반찬으로 하여 먹었다.

8월 말에서 9월 초 사이에 김원식은 도당에 머물면서 심사를 받았는데, 부위원장과의 면담 이후 내무부로 발령이 났다. 김원식은 내무부에서 과장대우로 일하였는데, 강동정치학원 출신, 빨치산 출신들을 통솔할 정도로 위상이 올라갔다. 직속 상관은 방정은이었다. 김원식은 지프차를 타고 왔다 갔다 하면서 선무작업을 하였는데, 본인의 업무를 다 하면 다른 일거리를 찾아서 처리할 정도로 열심히 활동하였다. 당시 당에서 추진했던 주력사업 중의 하나는 안동에 비행장을 건설하는 것이었는데 끝내 이루어내지 못하였다. 당시 전선은 영천을 두고 일진일퇴를 거듭하면서 교착상태에 빠졌는데, 북한군은 다부동전투[25]에서 패배함으로써 대구로 진입하지 못하였다.

추석을 지나서 후퇴명령이 떨어졌다. 새벽에 안동을 떠나서 밤중까지 잠을 자지 않고 180리를 걸었다. 인민군, 당 일꾼, 인민위원회 관계자 등과 그 가족들이 후퇴 대열을 형성하였다. 후퇴할 때는 주간에도 이동하였는데, 비행기 폭격은 없었다. 김원식은 30여 명을 이끌고 1차 집결지인 영주까지 후퇴하여 인민위원회 사무실에서 접선을 기다리기로 하였다. 하지만 영주에는 기다리는 사람이 없었다. 혹시 다른 사람이라도 만날

---

25 1950년 8월 3일부터 29일까지 지금의 경상북도 구미시 해평면, 경상북도 의성군 단밀면 낙정리, 경상북도 칠곡군 가산면 다부리를 중심으로 숲데미산과 유학산 일대에서 대한민국 국군과 조선인민군 사이에서 대대적인 전투가 벌어졌는데, 이 다부동전투로 유엔군은 반격의 계기를 마련할 수 있었다.

까 하여 기다리고 있는데, 인민군 1개 군단이 왔다. 재정 담당자인 장교 한 명이 경북도당에 줄 돈을 가져왔는데, 어떻게 처리하는 것이 좋을지에 대해 상의해왔다. 김원식한테 돈을 가져가라 하였지만, 김원식은 자기는 그러한 위치에 있지 않기 때문에 그럴 수 없다고 하고 그냥 떠났다.

도당 집결지에 아무도 없었던 관계로 함께 온 30여 명은 뿔뿔이 흩어졌다. 내무부에 있을 때 김원식의 연락병이었던 양치경만이 김원식과 동행하여 풍기로 떠났다. 너무 피곤하여 천천히 걸을 수밖에 없었다. 저녁 무렵에 풍기에 도착하여 인민군 대좌를 만났는데, 그 대좌는 연락병도 없이 혼자 걷고 있었다. 밤에 자동차 도로를 따라 죽령을 넘어가는데, 양쪽 숲 속에서 국군 패잔병들이 서로 연락을 하느라 예광탄을 쏘아댔다. 두세 시쯤 되어 단양에 도착하였지만, 단양에는 사람들이 거의 없었다. 먹을거리도 없어 거의 굶다시피 하였다. 김원식은 이제 강원도로 들어가 북으로 가야 할 텐데, 그러면 고향을 영원히 등지게 된다는 생각이 드는 데다가 가족 생각까지 나서 심정이 착잡해졌다. 그러한 상태에서 인천상륙에 대한 소식을 들었다.

주린 배를 움켜쥐고 걷는 와중에 날이 샜다. 인민군 포 부대가 강가에 있는 것을 보았는데, 이 부대는 군단포로 무장하고 있었다. 지름길로 걸어서 가는데, 비행기가 지나갔다. 다들 터널 속으로 숨었는데, 그 터널 속에서 조금 전에 보았던 인민군 포 부대를 만났다. 터널을 나와서 강을 건너 제천을 향하여 갔다. 제천 변두리로 해서 가는데, 사람들이 들락날락하는 것이 보여서 가보니, 어떤 사람이 메밀국수를 팔고 있었다. 손으로 반죽을 해서 삶은 국수에다 양념도 없이 간장만으로 먹었는데, 값은 시가의 10배가 넘는 금액이었다. 두 그릇을 사서 양치경과 함께 먹고 소로로 걸어서 갔다. 도로로는 위험해서 가지 못하고 소로로 봉양을 거쳐 주천으로 갔다. 주천에서는 홍천으로 가는 길과 원주로 가는 길이 갈라진다. 지휘자가 없는 상황에서 각자 자기 갈 길로 갔다.

김원식은 서울을 떠나지 않으려고 하는 심정에서 원주로 향하였다. 신림역 고갯마루에서 원주시를 내려다보니 원주에는 미군이 벌써 들어와 있었다. 그래서 길을 따라 치악산으로 들어갔다. 당 소재지를 수소문해서 집결지로 향하였다. 화전민들로부터 밥을 얻어먹으며 가다가 어느 비어 있는 집에 들어갔다. 집주인은 김원식이 무장한 모습을 보고 도망가고 없었다. 집에 들어가니 솥에 따뜻한 강냉이밥이 있어서 양치경과 둘이서 장독대에 있는 된장과 마늘을 반찬으로 삼아 맛있게 먹고 출발했다. 오후 다섯시쯤 어느 산골동네에 도착했는데, 그 마을이 집결지였다. 200여 명이 모여 있었는데, 당과 내무부도 거기에 있었다. 도당에 돈 수령 여부를 확인해본 결과 영주에서 만난 인민군 장교가 끝내 임무를 완수하였음을 알 수 있었다.

회의 결과 다시 경상북도 지역의 산으로 내려가는 것으로 결정되었지만, 김원식은 몸이 허약해진 상태라 북한으로 올라가서 연락을 담당하는 것으로 결정이 났다. 양치경도 북한에서 공부하기로 하고 김원식과 동행하였다. 김원식이 북한으로 가는 길을 모르기 때문에 길잡이 역할을 할 북한 출신 1명과 함께 출발하였다. 밥을 먹고 밤에 산에서 20분 정도 내려오니 자동차 도로가 있었다. 도로 한 쪽에 숨겨져 있는 지프차 한 대를 발견하였다. 달 밝은 가을 밤인데, 날씨는 상당히 추웠다. 20여 명이 되는 사람들이 모두 이 지프차를 탔다. 운전석 옆에 길잡이 할 사람이 타고 김원식은 뒤에 탔다. 일이십리 정도 가서 고갯길에 접어들었는데, 자동차의 시동이 꺼지고 말았다. 다들 내려서 지프차를 밀었는데, 시동이 걸린 지프차가 사람들을 태우지 않고 두세 사람만 태운 채 그냥 내달렸다. 다들 닭 쫓던 개 지붕 쳐다보듯 멍하니 쳐다보고 말았다. 김원식은 길잡이 할 사람과 헤어져 양치경과 걸어서 주천리 화전민 마을로 갔다. 집으로 들어가서 밥을 얻어 먹으려고 하는데 총소리가 났다. 숲 속에 숨어 있던 국군 패잔병들이 미군 소식을 전해듣고 마을로 온 것이었다. 집을 나와 더 깊은 산골로 들어갔다. 화전민 집을 발견하였지만, 곧바로 들어가지 못하고 식구가 몇 명이고, 드나드는 사람은 누구인지를 파악한 뒤에야 저녁에 그 집으로 들어갔다. 마침 저녁을 먹으려고 하던 참이라 밥을 얻어 먹었는데, 강냉이밥과 도토리묵으로 된 저녁이었다.

이 지역 화전민들 중에는 정감록에 나오는 십승지지를 찾아서 입산을 한 사람들이 더러 있었다. 40여 세 되는 이 집 주인도 인텔리 출신이었다. 집주인과 얘기를 하면서 정세를 파악하였다. 이튿날 새벽 집주인이 어디 들러볼 곳이 있다면서 함께 가기를 청하였다. 이웃 마을에 서울에서 피난 와 있는 사람이 석 달째 숨어 있다는 것이다. 그 사람은 서울지검 검사 송경진이었다. 김원식이 서울에서 원주에 있는 누구를 만나러 왔다가 북한 인민군이 들어온다고 해서 이곳으로 피난 왔으며 서울로 가고자 한다고 소개하였으나, 송경진은 김원식이 북한 인민군 패잔병인 줄 짐작하였다. 송경진은 소개장을 하나 써주면서 서울지검에 편지를 하나 전해달라고 부탁했다. 자기가 주천리 부근에 피난 와 있다는 것을 서울지검에 알리는 내용이었다. 김원식은 사나흘 뒤에 서울 망우리에 무사입성하였는데, 송경진이 써준 소개장이 방패막이 역할을 톡톡히 한 덕분이었다.

망우리에는 김원식의 친척이 한 명 살고 있었는데, 저녁 무렵에 그 집에 들어가니 밖을 살피면서 이 집에 조금이라도 머물러서는 안 된다는 눈짓을 주었다. 자기들도 꼼짝 않고 몇 달을 처박혀 있었기 때문에 서울 집 소식에 대해서는 모른다는 말만 했다. 곧 그 집에서 나왔다. 하루쯤 지나 서울에 도착하였다.

주천리에서 출발할 때 부인 한 명과 동행하였는데, 그 부인은 어린아이 한 명을 데리고 있었다. 서울까지 가는 동안 절반 정도는 김원식이 그 어린아이를 업고 걸었다. 부인의 집은 수도여고 근처에 있었는데, 김원식은 부인과 어린아이를 집까지 데려다주었다. 이 부인과의 동행은 김원식에게는 신분을 위장해주는 안전판이 되어 주기도 했다. 애를 데리고 있는 여인과 동행하는 김원식을 의심스러운 눈초리로 보는 사람은 없었다. 거기다가 서울로 오는 과정에서 통과하는 마을마다 확인증을 받아 두었는데, 이 확인증들의 도움으로 무사태평하게 서울 시내를 활보할 수 있었다. 서울지검에 들어가 편지를 전달해주고, 수령증을 받았다.

한운사가 살던 동네로 가서 한운사와 송재만에 관한 정보를 수집하였다. 한운사는 의용군으로 갔고, 송재만은 군대에 간 것을 알았지만, 그 이후의 소식에 대해서는 듣지 못하였다. 그래서 외가를 찾아갔다. 김원식을 아는 사람들은 모두 겁을 먹고 피했다. 한국은행 발권과로 외사촌 형을 찾아갔더니, 외사촌 형이 얼굴이 새파래지면서 어쩔 줄 몰라 하였다. 돈을 얼마간 집어주면서 얼른 가라고 하였다. 김원식은 자기가 여기 왔다는 것을 다른 사람에게 말하지 말라고 하고, 돈을 받아 가지고 서울을 떠났다.

외사촌 형과 헤어진 김원식은 서울에 머물 만한 곳이 없었다. 상도동 집으로 갈 수는 없는 노릇이었고, 함께 서울에 온 부인의 집에도 있을 수가 없었다. 양치경과 상의한 결과 원주로 돌아가기로 하였다. 남대문시장을 지나는 과정에서 양치경과 그만 헤어지고 말았다. 양치경이 이것저것 구경하다가 김원식을 놓치고 만 것이다. 헤어진 곳으로 가서 한두 시간을 기다렸으나 양치경은 나타나지 않았다. 다음날까지 기다리지 못하고 바로 원주로 출발하였다. 식구들을 찾으러 간다는 명목으로 원주로 향했는데, 송경진이 써준 소개장과 각 마을에서 받아둔 확인증 등으로 가는 데는 아무런 문제도 없었다. 송경진 검사를 찾아가서 며칠 묵었다. 머물면서 원주의 정세를 살폈다.

원주에는 청주중 동기의 형님인 송진수가 살고 있었는데, 그 집을 향해 갔다. 이 동기는 청주중을 다니던 시절 김원식의 집을 뻔질나게 드나들었고, 김원식이 없는 상태에서도 김원식의 집에서 공부하기도 하는 등 김원식과는 막역한 관계였다. 송진수가 살고 있는 동네로 갔지만, 곧바로 집으로 찾아가지 않고 원주장에서 물건을 사면서 상황을 먼저 살폈다. 송진수네는 김원식의 사정을 알고서도 많은 도움을 주었다. 송진수는 김원식을 자기 동생처럼 대해 주었다. 군 기관이나 경찰의 감시를 피하기 위해 송진수의 보증으로 원주에 있던 결핵요양소에 입소를 하였다. 당시 김원식은 영양불량으로 몸이 많이 쇠약해진 상태라 폐결핵 환자라고 해도 어느 누구도 의심하지 않았다. 결핵요양소에 있으면서 저녁에는 송진수네로 가서 저녁을 먹기도 하였으며, 미국에 있는 친구에게 편지를 보내기도 하였다. 김원식은 1·4후퇴 때까지 이 지역에 머물면서 앞으로 어떻게 할 것인지에 대한 구상을 하였다. 그는 남한에서 할 일이 있다고 판단하였다. 남한에 남아서 할 일에 대한 생각을 잠시도 쉬지 않았다. 지금은 잠시 당 조직에서 떨어져 있지만, 조선노동당[26]의 당원으로서 내가 아니면 안 되는 일을 해야 한다는 생각을 항시 하였다.

6·25전쟁에 참전한 중공군이 강원도로 들어오던 1951년 1월에 김원식은 송진수에게 고마움의 인사를 하고 홀로 길을 나섰다. 배낭을 메고 피난민에 섞여 걸었다. 배낭에는 먹을거리, 헌 옷, 돈 등이 들어 있었다. 원주를 떠나면서 중공군을 어디서 맞을 것인가를 고민했다. 즉 조금 남하해서 맞는 것이 좋을지 아니면 북쪽으로 올라가서 맞는 것이 좋을지가 판단이 잘되지 않았던 것이다. 피난민 대열보다 속도를 늦추어 걸으면서 심사숙고한 결과 충주에서 중공군을 맞기로 하였다. 처음에는 동네 사람들과 함께 출발을 했으나 충주권에 들어서면서는 늑장을 부렸다. 천천히 걷다가 쉬고, 저녁 먹거나 잠잔다고 해서 길가의 집에 들어가는 등 속도를 늦추었다. 저녁에 충주에 들어가

---

26 남조선노동당은 1949년 6월 북조선노동당과 통합하여 조선노동당이 되었다.

서 충주 시내를 살펴보니 국군과 유엔군이 후퇴를 서두르고 있는 중이었다. 미군들은 집이나 길에 불을 질러 태우는 등 삼광작전[27]을 시행하고 있었다. 김원식은 충주에서 십리 정도 떨어진 시골에서 피난민으로 위장하고 있었다.

원주에 들어온 인민군은 며칠이 지나도 더 이상 남하를 하지 않았다. 충주에 더 이상 있질 못하고 다른 곳으로 이동하기로 하였다. 마침 남한강 지류인 달천강에 다리를 놓는 공사에 종사할 인부를 모집하길래 그 공사장에서 열흘 정도 일하였다. 배낭을 지고 가서 다른 인부들과 합숙하였다. 다리를 놓은 뒤에는 철로 보수 공사장에서 며칠 일하다가 오십 리 정도 떨어진 고향으로 떠났다. 짐은 다 놔두고 산길을 걸어서 고향 뒷산에 도착했다. 고향집을 내려다 보니 감개가 무량하였다. 눈이 쌓인 산 속에 있다가 밤중에 고향 집에서 2km 정도 떨어진 곳에 있는 먼 친척집에 들어가서 "할머니!"하고 주인을 불렀다. 할머니의 안내로 방 안으로 들어가서 집 소식을 들었다. 식구들은 다 피난가고 없다는 것이었다. 다음날 아침에 다시 충주로 갔다.

27　삼광작전三光作戰은 '다 죽이고(殺光)', '다 태우고(燒光)', '다 뺏어버리는 (搶光)' 작전으로 빨치산과 지역 주민간의 긴밀한 협력관계를 파괴하는 것을 목적으로 한다.

검열을 피하기 위해서는 도민증을 가지고 있어야 하는데, 어떻게 마련할 것인가 고민하였다. 이리저리 궁리하던 와중에 대전에 있는 강원도청출장소가 강원도에서 피난온 사람들에게 도민증을 발급해주고 있다는 정보를 들었다. 하여 이삼 일에 걸쳐 청주를 지나 대전으로 갔다. 강원도청출장소에 가니 보증인이 있냐고 물어서 없다고 하니 증빙할 만한 자료라도 제시하라고 하였다. 동네에서 받은 확인증과 결핵요양소에 있었던 사실 등을 증빙자료로 하여 도민증을 만들었다. 도민증에는 사진은 제대로 붙였지만, 기재사항은 다 엉터리였다. 이름도 본적지도 다 가짜였다.

도민증을 마련한 김원식은 청주로 가기로 하였다. 먼저 충주로 가서 짐을 정리하였다. 청주로 가는 도중 증평에서 날이 저물어 자게 되었다. 커다란 방에 열 명 정도가 자는데, 김원식도 방한복을 귀까지 뒤집어쓰고 비스듬하게 누웠다. 그런데 괴산에서 유명한 반동인 대고모부(아버지의 고모부)가 들어오는 것이 보였다. 김원식은 얼른 고개를 돌려 대고모부의 눈길을 피했다. 가까스로 위기에서 벗어난 그는 이런저런 일을 겪으면서 청주에서 1951년을 보냈다.

북한으로 가지 못한 김원식은 남한에 체류하면서 살기 위해서 몸부림을 쳤다. 돈을 마련하기 위해 노동판에도 뛰어들었다. 이리저리 어려운 시간을 보내다가 돌아가는 정세도 파악하고 어딘가 정착해서 당 사업을 해야겠다고 각오를 다졌다. 우선 청주에 정착하기로 했다. 김원식은 청주교회에 있다가 청주 시내로 들어갔다. 청주중 시절 친하게 지냈던 윤욱현이라는 친구의 집 앞을 지나가면서 동정을 살폈다. 문패도 그대로 붙어 있고, 집도 옛날 그대로였다. 이 친구가 영어를 잘했던 관계로 유엔 민사원조사령부에서 근무하고 있다는 사실을 사전에 조사한 김원식은 이 친구의 집이면 안전하겠다는 생각에 이 집에 들어가기로 하였다.

어둑어둑해진 뒤에 이가 득실거리는 보따리를 하나 들고 윤욱현의 집 안으로 들어갔다. 쪽문을 밀고 들어가 누가 발견할 때까지 마당에 서 있었다. 윤욱현의 어머니가 마당에 서 있는 김원식을 보고 깜짝 놀라자, 김원식은 친구 어머니에게 인사를 하였다. 둘째 아들이 공산주의자로 월북한 어머니는 김원식을 친아들을 보는 것처럼 반기면서 방으로 이끌었다. 김원식이 옷에 있는 이 때문에 주저하자 어머니는 둘째 아들의 옷을 주면서 입고 있는 옷은 밖에 내놓으라고 하였다. 밤이 되자 출근했던 친구가 왔다. 친구는 "죽지 않고 살아 왔구나"하면서 김원식을 얼싸안았다. 김원식은 이 집에 머물며 책을 읽거나 라디오로 북한 방송을 들으며 전선 상황과 세계정세를 분석하였다. 남한에서 혼자서 당 사업을 하는 것은 불가능하니 북한으로 가야 한다는 결론을 내리고, 북한으로 올라갈 계획을 구체적으로 세워 나갔다.

윤욱현의 집에 안착한 김원식은 북한으로 가는 자금을 확보하기 위해 돈을 마련하는 작업에 착수했다. 전쟁으로 인해 소금 값이 치솟는 데에 주목하여 소금 장사를 하여 돈을 벌기로 하였다. 우선 장사 밑천을 마련하기 위해 건축 회사에 취직하였다. 이 회사가 수주한 광주전매서 신축 공사장에서 현장소장을 두 달 정도 했다. 현장소장을 하며 번 돈과 여기저기서 빌린 돈을 합쳐서 소금 한 트럭 분의 자금을 마련하였다. 트럭을 가지고 주안염전으로 가서 거간꾼을 통해 거래를 하였다. 인천 시장에서 현금과 소금을 맞바꾸었다. 소금을 싣고 청주로 오는데, 검문소를 거쳐야 했다. 윤욱현에게 부탁하여 작성한 유엔 민사원조사령부 소금임을 증명한다는 서류를 검문소에 제시하였다. 여러 개의 검문소를 무사통과했으나, 오산 검문소에서 문제가 생겼다. 조회하겠다는 것이다. 김원식은 조회하는 대신 휘발유 값과 식사 비용을 부담하라고 얼러대면서 태연자약하게 사무실 의자에 앉아 있었다. 한 시간쯤 뒤에 통과시켜 주었다. 날이 뿌옇게 샐 때 청주로 들어갔다. 청주로 가져간 소금을 바로 시장으로 가져가지는 못하고, 도청 내무국장 관사 부속 창고에 임시로 저장하였다. 시장에 가서 소비자를 물색하여 원가의 서너 배를 받고 넘겼다.

자금을 풍족하게 마련한 김원식은 백령도로 가서 북한으로 가고자 하였다. 청주역에 가서 표를 끊고 탑승하였는데, 같이

가기로 한 사람이 약속 시간이 지났는데도 나타나질 않았다. 무슨 이상이 생겼나 하고 걱정하고 있는데, 그 사람이 얼굴이 새파랗게 질려 가지고 아는 체도 하지 않고 저멀리 가서 기차에서 내렸다. 김원식은 문제가 생겼음을 직감하고 기차에서 내려 개찰구 반대쪽으로 도망을 갔다. 일 년쯤 뒤에 우연히 만난 그 사람한테 이유를 물었더니, 자금을 한푼이라도 더 보태겠다고 어느 집에 들어가서 재봉틀을 훔쳤는데, 그것을 가지고 오다가 검문에 걸려 도망갔다는 것이다.

이후 김원식은 세간 사람들의 의심을 피하기 위해 기독교 계통 학교의 교실을 빌어 YMCA영어학원을 개설했다. 유엔민사원조사령부에서 근무하던 이들을 강사로 동원하였다. 학원은 그럭저럭 잘 운영되었다. 하지만 고향 후배가 빨갱이라고 밀고하는 바람에 경찰서에 잡혀갔다. 그 고향 후배는 일제강점기 때 만주에서 헌병보조원을 했던 자의 조카였다. 심문을 하는 과정에서 심문 담당자의 집안이 김원식 집안과 세교(대대로 이어져 온 집안간의 교류)를 하던 관계임이 드러나면서 아무런 문제 없이 해결되어 풀려날 수 있었다.

청주에 있기가 어려워진 김원식은 북한으로 가는 것은 포기하고 임시수도가 있는 부산과 군사령부가 있는 대구로 정찰을 가고자 하였다. 1952년 어느 날 김원식은 윤욱현에게 친구들을 만나러 부산으로 가자고 권하였다. 윤욱현은 미군이 사용할 보급물자를 받으러 부산으로 가는 임무를 맡았다. 부산으로 가는 트럭에 김원식도 동승하였다. 부산에 도착하여 각자 볼 일을 보기로 하고 헤어졌다. 김원식은 제일 먼저 천관우를 만났다. 천관우는 의용군으로 끌려갔다가 도망나와 가지고는 대한통신에 근무하고 있었다. 천관우와 함께 영도 해안가에 앉아 애기를 하면서 궁금한 소식들을 물었다.

김원식은 천관우로부터 정보를 얻어 광복동으로 갔다. 광복동에는 의용군으로 끌려갔다가 탈출한 한운사가 장교클럽 매니저로 일하고 있었다. 장교클럽에서 한운사를 만난 김원식은 새벽 1시에 한운사 집으로 갔다. 한운사 어머니가 반겨주었다. 이형근으로부터 최정환이 총살을 당했다는 소식을 듣고 한참을 울었다. 부산에서 원남서원이라는 서점을 운영하고 있는 이영근을 만나 회포를 풀었다. 김원식은 이 서점을 통해 공산주의 관련 서적을 구해 읽었다. 주로 일본 공산주의자들이 저술하거나 번역한 책들이었다. 1952년 부산에 있을 때 부인 이영구李榮九를 만났다.

부산 정찰을 끝낸 김원식은 일단 청주로 돌아갔다. 청주에서 이것저것 따져보고 대구로 가기로 결정했다. 윤욱현 가족에게 감사하다는 인사도 하지 않은 채 소리 소문 없이 청주를 떠난 김원식은 대구로 가서 허름한 여관에 짐을 풀고 대구 상황을 살폈다. 여기저기를 기웃거리다가 서울대 문리과대학 정치학과 출신인 신동집의 집 주소가 대구시 계산동 71번지인 것이 불현듯 생각나서 신동집을 찾아갔다. 저녁 무렵에 찾아가니 신동집이 "니, 안 죽었구나!" 하면서 반겼다. 이틀 밤에 걸친 애기 끝에 신동집의 동생 소식을 물었다. 월북한 동생이 야전병원장으로 1·4후퇴 때 서울에 왔다가, 자신이 어디에 머무르고 있다는 내용의 편지를 "이 편지를 보는 사람은 대구로 좀 보내달라"는 내용의 쪽지와 함께 써놓고 갔다고 한다. 가족들이 문산 어딘가의 그 장소에 가봤으나 만나지 못했다고 한다.

신동집의 집에 며칠간 머무르며 정보를 수집한 뒤 앞으로의 일정에 대한 계획을 세워나갔다. 이성근이 국방부 정훈국장이 되자 그 연줄로 서임수, 김경수 등 많은 사람들이 군대로 들어가 장교가 되었다는 애기, 서울대 연구실에 있던 사람들이 초창기 경북대에서 핵심적인 역할을 하고 있다는 애기 등의 소식을 들었지만, 그들에게 접근하지는 않았다. 대신 대구 헌병사령부 일용노동자로 취업하여 영선과에서 근무하였다. 내무반에서 단체로 합숙하면서 참모들의 집을 수리하거나 도배, 하수도 수리 등의 일을 하였다. 다 떨어진 군복을 입고 모자를 푹 눌러쓰고서 일하였다. 헌병사령부 본부 건물을 짓는 데도 참가하였다.

헌병사령부 일용노동자로 일하면서 진영선, 영문학과 교수 등 경북대 관계자들을 경북대 정문 근처 오크빌라에 있던 다방에서 만났다. 6·25전쟁 전 김원식 밑에서 지하활동을 하기도 했던 진영선은 수리물리학을 연구하러 스위스에 유학을 가서 학업을 마치고 미국의 유명 대학으로 갔다가, 1960년 들어서면서 교통사고로 사망하였다. 김원식은 국가 기관에서 암살한 것으로 추측하였다. 영문학과 교수가 북부고등학교에 일자리를 알아봐주었는데도 김원식은 대구에 있기 싫어서 사양하였다. 그러자 경북대 교수 하기락을 소개해주었다.

하기락 교수는 아나키스트로 유림 등과 아나키스트 활동을 하고 있었다. 1953년 2~3월 하기락 교수의 주선으로 경남 함양군 안의면으로 가기로 했다. 안의로 가기 전 하기락과 함께 독립노농당 당사를 찾아가 당수 유림을 만났다. 다음날 토요일 하기락과 함께 대구에서 자동차를 타고 고령과 거창을 지나 안의로 갔다. 하기락의 동생 하충현의 집에서 잠을 자고 월요일에 안의고등학교 교사로 부임하였다. 국어, 영어, 사회 등의 과목을 가르쳤다. 김원식은 강원도청출장소에서 작성한 도민증을 가지고 활동하였다. 이 도민증을 근거로 나중에 경상남도에 가서 정식 도민증을 만들었다. 이 도민증은 김원식이 경찰의 수사망으로부터 벗어나는 데 커다란 도움을 주었다. 김원식은 나중에 체포될 때까지 이 도민증을 사용하였다.

김원식이 안의로 간 것은 다음으로의 도약을 위해서 준비 기간이 필요했기 때문이다. 김원식은 교사로서 학생들을 가르치면서 두 달 동안 학생들을 유심히 살폈다. 그중에서 4명 정도를 선별하여 공산주의 교육을 시켰다. 4명을 한자리에 부르지 않고 두 명씩 나누어 교육하였다. 두 사람에게는 높은 수준의 교육을 했고, 다른 두 사람에게는 토론 등을 통해서 방향을 제시하는 수준의 교육을 하였다. 박인기(朴仁記)와 이민택과는 일주일에 한 번 만나 이영근으로부터 입수한 공산주의 관련 서적을 토대로 맑스주의 원전과 소련에서 출판된 경제학교과서 등을 교육하였다. 그리고 우리 민족은 해방된 것이 아니라 아직 미국과 일본의 지배 하에 있으며, 우리 민족이 해방되기 위해서는 죽을 각오를 하고 싸우지 않으면 안 된다는 것을 주지시켰다. 이들은 상당한 수준에 이르렀다. 김세민과 이현희는 육군사관학교와 해군사관학교에 각각 입학하였다. 이민택, 박인기 등과는 일 년간 어떻게 활동할 것인지에 대해 토론을 한 뒤 활동목표를 세우기도 하였다. 이들과는 일 년 뒤 서울로 올라간 뒤에도 관계를 이어갔다. 이들과의 관계는 김원식이 체포될 때까지 이어졌다. 육군사관학교로 간 김세민은 김원식이 체포되면서 김원식과의 관계가 드러나 퇴학을 당하였고, 해군사관학교로 간 이현희는 해군사관학교에서 조금 무리하게 활동을 하는 바람에 신분이 노출될 위험에 처하게 되자, 체포를 피해 월북하였다.

김원식은 안의에 있으면서, 당시 안의중학교 교장을 맡고 있던 청마 유치환과도 자주 만나서 이야기를 주고받았다. 주로 유치환이 말을 하고 김원식은 듣는 편이었다. 1주일이나 2주일 간격으로 안의 지역 중고등학교 교사들이 만나 술 한잔을 하는 자리에도 자주 나갔다. 그리고 여름 동안 집에 와 있던 유치환의 셋째 딸과도 자주 만났다. 유치환의 집에는 일본의 문예잡지나 시집 등 문학 관련 책들이 많이 있었는데, 그 책들을 읽고 토론하는 등 많은 이야기를 했다.

안의에서의 약 1년에 걸친 준비 기간을 거친 김원식은 1954년에 안의를 떠나고자 하였다. 떠날 의사를 밝히니 안병준 교사가 하나의 에피소드를 얘기해주었다. 그 내막은 다음과 같다. 김원식이 하기락과 함께 안의로 가던 도중에 거창 정류장에서 쉬었을 때 누군가가 김원식을 보았다. 이 사람은 김원식이 공산주의자라는 것을 알고 있었다. 이 사람이 안병준 교사한테 전화를 해서 공산주의자 한 명이 하기락과 함께 안의로 갔는데, 어떻게 된 것이냐고 물었다. 깜짝 놀란 안병준은 곧바로 대구로 가서 하기락과 함께 유림을 만났다. 공산주의자와 연루가 되었으니 큰일이 아니냐는 우려에 유림은 자신은 처음부터 김원식이 공산주의자임을 알아봤다고 하면서 잘 보살펴주라고 하였다. 이리하여 김원식은 아무 문제 없이 1년 정도 안의에서 생활할 수 있었다.

5. 조선노동당 지하 조직활동을 전개하다

북한으로 가지 못한 김원식은 남한에서 지하 공작활동을 전개하였다. 사람들을 규합해서 일대일 학습을 통해 조직원을 교양하였는데, 이때 상하 관계에서 이루어지는 일방적 주입식 교육은 하지 않았다. 상대방으로 하여금 자신의 판단에 따라 움직이도록 하였다.

　김원식은 약 1년에 걸친 안의 생활을 접고 1954년 3월 무렵에 서울로 올라갔다. 서울은 김원식에게 결전의 장소였다. 가서 싸워서 당 사업에 이바지하겠다는 각오를 단단히 하였다. 서울로 올라가기 전 대구와 부산을 정찰하였는데, 대구는 정착을 하기 위해 정찰을 하였지만, 부산은 자금선을 구축하기 위한 것이었다. 안의에 있으면서 방학을 이용하여 부산엘 두 번 다녀왔다. 부산에서 무역상을 하는 이상필을 만나 자금을 제공하겠다는 약속을 받았다. 이상필 외에도 김동수, 강호웅 등도 만났다. 이들은 나중에 김원식이 체포될 때 같이 체포되었다. 1954년부터 1958년 체포되기까지 4년 동안 이들로부터 받은 자금이 무려 3000여만 원에 해당하였는데, 자금 중 일부는 아지트를 건설하는 데 사용되었다.

　서울로 올라간 김원식은 돈이 없어 상급 학교로 진학하지 못한 박인기와 이민택을 서울로 불러올렸다. 이들은 신당동 김원식 집에서 거주하면서,[28] 신문 배달을 비롯하여 각종 노동에 종사하였다. 김원식은 이들에게 공산주의 교육을 하는 한편, 교육용 팸플릿을 제작하였다. 이현희와 김세민과도 관계를 유지하였는데, 이현희는 직접 지도하였지만, 김세민은 직접적인 지도는 하지 않았다. 그리고 당 세포활동을 활성화시키기 위해 써클을 조직해 나갔다. 그 결과 1954년 5월까지 14명을 포섭하였다.[29]

한편, 김원식은 당학교와 학습조를 조직하여 대학생이나 청년들을 대상으로 공산주의 교육을 실시하였다. 1954년 여름방학 때 당학교를 운영하였는데, 동대문 밖 청량리를 지나 어느 시골마을에 고시공부를 한다는 명목으로 방을 하나 얻어가지고 지방에서 올라온 대학생들에게 공산주의 학습을 시켰다. 김원식은 일주일에 한 번 정도 나가서 강의를 하고, 나머지는 학생들이 자기들끼리 자유토론하며 스스로 진행하게 하였다. 학생들로 하여금 두 달 정도 학습하는 동안 자기가 왜 이런 운동을 해야 하는지, 당면해서 무엇을 해야 하는지, 무엇을 하기 위해 어떤 규율에 따라야 하는지, 자기의 과제가 무엇인지 등을 명확히 인식하게 하였다. 직장이 없는 사람은 우선 일용 노동을 하게 하였는데, 자기가 먹을 것은 자기가 해결한다는 게 원칙이었다.

김원식은 빨치산에 참여했다가 홍익대에 들어간 김용조金容

---

28   이영구, 2015, 9쪽
29   『조선일보』 1958년 8월 3일자(석간)

祚(강호웅의 조카)를 만났다. 여러 현안에 대해 의견을 나눈 끝에 함께 조직활동을 하기로 하였다. 김원식은 1954년 여름에 김용조와 함께 3~4명으로 구성된 학습조를 조직하여 공산주의 학습을 하였다.

학습조는 여러 개가 조직되었다. 김원식은 서울대 내에 김세길을 중심으로 하는 학습조를 운영하였는데, 김세길의 학습조에는 동양통신사 기자도 포함되어 있었다. 나중에 김원식이 동양통신사 기자를 인계받아 공산주의 교육을 시킨 뒤 진보당에 침투시켰으며, 그를 통해 진보당에 상당한 영향을 미쳤다고 한다. 김세길은 김원식이 체포된 뒤 앞길이 꽉 막히자 혼자서 월북하다가 잘못하여 지뢰를 밟는 바람에 죽고말았다.

김원식은 김세길의 매부(전북대 강사)를 통해서도 조봉암에게 영향력을 행사하였다고 한다. 진보당 내에 이선 조직을 만들 것을 권유하였으며, 양담배를 피우지 말 것, 말을 민중적으로 할 것, 인텔리가 사용하는 말을 사용하지 말 것 등을 권했는데, 이러한 사항들은 실제로 시행되었다는 것이다.

그리고 서울대 의과대학 이길려, 중앙대 이철옥李喆玉 등을 중심으로 또 하나의 학습조를 꾸렸는데, 이길려의 경우 김원식이 직접 만나 지도하지는 않았다. 이길려와 이철옥은 집이 가난하였는데, 이철옥은 학교에 다니면서도 노동을 하였다. 이철옥은 나중에 발각되어 조사를 받았지만 형은 살지 않았다. 이길려는 나중에도 발각되지 않았다.

이외에도 채석장에서 일하던 사람들 사이에서 석상그룹이라 부르던 학습조를 조직하였는데, 이 학습조는 윤여백이 중심이었다. 낙산에서도 학습조를 운영하였다. 박인기와 이민택 등은 이러한 학습조에는 참가하지 않았다.

학습조는 보통 네 명 정도로 구성되었다. 학습조는 전혀 새로운 사람으로 구성되는 것이 아니라 기존에 조직되어 있는 그룹을 중심으로 운영되었다. 학습조는 개별적으로 팸플릿을 주어 학습하게 하고, 나아가 행동에 옮기게 하는 식으로 운영되었다.

김원식은 이영근[30]을 통해 구입한 일본 서적들을 기초로 해서 팸플릿을 소량씩 제작하였는데, 레닌주의를 철학적 기초로 삼아 제작한 팸플릿도 있었다. 이 팸플릿은 일본어판 『레닌의 4대 기초』 팸플릿을 김원식이 우리나라 현실에 맞게 수정·보완하여 작성한 것이다. I.F.스토운의 『비사 한국전쟁』 일본어판을 참고로 하여 작성한 『조국해방전쟁』이라는 팸플릿도 제작하였는데, 그 내용은 대체적으로 다음과 같다.

1. 우리 민족은 일본 제국주의의 침략을 받아 36년간이나 지배

---

30 이영근은 1954년 서울로 올라가서 서점을 하면서 김원식을 만났다.

당해 왔는데, 조국해방전쟁은 조국광복회[31]에서부터 시작된다.

2. 6·25전쟁 준비는 미국이 먼저 했다. 1948~1949년 미국이 홍콩에서 만주산 콩을 대량으로 사들였다는 사실, 덜레스가 한 말[32] 등을 증거로 제시하였다.

3. 6·25전쟁은 미국의 침략에서 비롯된바, 6·25전쟁은 조국해방전쟁의 성격을 띤다.

4. 앞으로는 전쟁을 해서는 안 되고, 남북문제는 평화적으로 해결해야 한다.

5. 그러기 위해서는 미군이 철수해야 한다.

김원식은 북한 방송을 청취하여 기록한 것을 기반으로 팸플릿을 작성하기도 하였다. 그 내용은 북한에서 남한에서 활동하는 사람들에게 내리는 지시 사항, 군사학 등에 관한 것이었

---

31 조국광복회는 1936년 동북항일연군의 한국인 지휘관들이 중심이 되어 만주와 한반도 북부의 사회주의자와 민족주의자를 포괄하여 결성한 민족통일전선 조직체이다.

32 미 국무장관 덜레스는 1950년 6월 19일 남한의 제2대 국회에서 다음과 같이 발언하였다.
"북한은 소련의 지배에서 벗어나 한국에 귀속될 것입니다. 당신들은 혼자가 아닙니다. 여러분들이 인류의 자유라는 원대한 계획의 일부로서 가치있게 행동해주신다면 여러분은 결코 혼자일 수 없습니다."

다. 팸플릿에 담은 내용에는 일본을 통해 들어온 마오쩌뚱의 유격론과 '자유주의 배격 11훈'[33] 등도 포함되어 있었다.

김원식은 선전작업을 당원의 일반과업으로 당연히 해야 할 일로 여겼다. 그는 "휴전을 정전으로, 영구적인 평화로"를 구호로 내걸고, 포섭한 조직원 및 학습조원들과 함께 선전활동을 적극적으로 전개했다. "미군은 나가라"는 내용의 전단 몇 만 장을 조직원과 함께 서울시내에 뿌렸다. 김원식이 전개한 선전활동은 다음의 표와 같다.

---

[33] 남로당은 마오쩌뚱의 '자유주의 배격 11훈'을 당 생활의 기준과 지침으로 삼았다. 마오쩌뚱은 자유주의는 무원칙한 화평을 가져오며, 그 결과 썩어빠진 작풍이 생겨서, 혁명단체의 어떤 개인은 정치적으로 부패하기 시작한다면서 자유주의를 배격할 것을 주장하고, 대표적인 자유주의 표현의 유형을 11가지로 나누었다.

[34] 장석정은 반미삐라사건에 앞서 1957년 12월의 '서울대 문리대 사건'으로 한경호(『조선일보』 1958년 7월 23일자(조간)에는 한영호, 『경향신문』 1958년 7월 22일자(조간)에는 한대민), 나원실 등과 함께 국가보안법 위반 혐의로 기소되어 공판에 회부되었는데, 2심에서 징역7년을 선고받았다. [『경향신문』 1958년 7월 22일자(조간) ; 『조선일보』 1958년 8월 2일자(조간)·12월 10일자(조간) 등을 종합]

[35] 이 '서울대 문리대 사건'과 관련하여 김 모(김원식-인용자), 김 모, 송 모(송욱-인용자), 이 모, 장 모 등 5명이 지명수배되었다. [『경향신문』 1958년 7월 22일자(조간)]

[36] 신문에는 이영구·김경길 등이 전단을 살포한 것으로 보도되었으나, 이영구는 자신은 관계하지 않았다고 증언하였다.

살포 시기	살포 장소	활동 내역
1955년 1월 18일		명륜동에 있는 김동수 집에서 「전국 중학·전문·대학 학생대회」라는 이름의 북한의 반미 호소문 수백 매를 등사하여 전국 중고등학교와 대학의 학도호국단 위원장에게 우송함
1955년 3월 27일	대동상업고등학교 내외	김용조로 하여금 평화통일을 선전하는 내용의 전단 500매를 등사하여 살포케 함
1956년 4월 13일	서울 시내 각 대학	김용조·장석정[34] 등으로 하여금 징병·징집을 반대하는 내용의 전단 3000여 매를 살포케 함
1957년 12월 19일		'류근일 필화사건'과 관련하여 류근일을 석방하라는 내용의 전단을 이인구로 하여금 등사케 하여 서울 시내 각 일간신문사와 통신사의 편집국장과, 각 대학에 우송함
	아현동·장충동 일대	서울대 문리과대학 학원 내에 벽보를 붙이고, 1958년 4월까지 장석정, 송욱, 이 모, 장 모 등과 함께 평화통일을 선전하는 내용의 전단 1600여 매를 살포함[35]
1958년 4월 중순경	부산	이현희, 김홍수, 어윤조 등을 통하여 전단 400여 매를 살포함
1958년 5월	대구	전단을 살포함
1958년 7월 21일	서울 정동 미 8군 부근과 종로	김경길[36] 등으로 하여금 "미군 물러가라"는 요지의 전단 수천 매를 10여 회에 걸쳐 살포케 함

※출처 : 『동아일보』 1958년 7월 23일·8월 9일자 ; 『경향신문』 1958년 8월 9일(석간)·26일자 ; 『조선일보』 1958년 8월 2일(조간)·3일(석간)·9일자(석간) 등을 종합

김원식은 노동자를 대상으로 하는 공산주의 선전작업도 전개하였다. 자본가들이 노동자들의 임금을 체불하는 것을 성토하는 내용의 전단을 전후 복구 공사현장에 살포하였다. 전단은 무작위로 배포하지 않고 등사판으로 20부 정도를 작성해서 몇몇 사람에게만 관리방법과 회수기간을 알려주면서 나누어주었다. 전단을 받은 사람은 그 내용을 숙지한 뒤 다른 사람에게는 입으로 전하게 했다. 전단은 번호를 매겨서 배포한 뒤 일정 기간이 지나면 회수하여 누출되지 않도록 철저히 관리하였다. 하지만 노동계에서의 조직활동은 별다른 성과를 내지 못 하였던 것으로 보인다. 김원식은 작가들과도 교류하면서, 그들에게 문학작품에 반전사상을 불어넣도록 하였다.

김원식은 지하활동을 하면서 규율 문제를 매우 중요시 하였다. 규율이란 공동의 목표를 달성하기 위해 서로 정한 약속으로 엄격하게 지켜야 한다는 점을 강조하였다. 규율에서 가장 기본적인 것은 약속시간을 지키는 것이라면서 시간을 철저히 지킬 것을 당부하였다. 특히 접선에서 약속시간은 조직의 안위와 직결되었다. 그래서 김원식은 항시 시간이 잘 맞는 시계를 차고 다녔다.

1954년부터 시작된 김원식의 서울에서의 조직활동은 나름대로의 성과를 이루어 조직의 규모가 커졌다. 그리하여 김원식은 1957년 봄에 그동안 운영해오던 조직을 몇 개의 블록으로 나눈 뒤, 일체 조직적 연결을 가지지 말고 독자적으로 문제를 해결할 것을 지시하였다. 김원식은 비합법 활동을 대폭 줄이는 한편, 젊은 사람들을 북한으로 보낼 방침을 세우고, 그에 대비한 훈련도 하였다. 1958년 7월이 되면 김원식이 운영하는 조직은 상당한 규모에 달했다. 이는 조직이 발각되는 하나의 요인이 되었다.

김원식은 학습조와 당학교 등을 통해 공산주의 교육을 하는 한편, 1956년 10월의 소련 공산당 제20차 당대회 문건, 소련에서 발간한 경제학교과서와 철학교과서(일어 문고판), 소련 세계경제정치연구소에서 출판한 『세계경제공황사』(일어판), 스탈린이 작성한 논문 등을 학습하였다. 소련 공산당 제20차 당대회는 자본주의에 비해 공산주의 제도가 우수하며, 1970년대 후반에 가면 소련 경제가 영국을 따라잡고 추월할 것이라고 주장하였다.

김원식은 활동자금을 마련하기 위해 '략掠'[37]을 감행하기도 하였다. 1958년 6월 28일 활동자금을 조달하기 위해 이현희와 김홍수가 개조한 칼빈단총을 가지고 부산시 초량동으로 내려갔다. 미 군인 차량에 편승해서 운전수를 협박하여 금품을 강탈하려다

---

37   아나키스트들은 가진 자들로부터 돈을 빼앗는 행위 즉 강도짓이나 도적질 같은 행위를 행하기도 하였는데, 그것은 가진 자들에게 강탈당한 것을 되찾는 행위는 아무런 도덕적 결함이 없는 정당한 행위인 것으로 판단하기 때문이다. 아나키스트들은 이러한 행위를 '략(掠)'이라 칭하였으며, '략(掠)'을 통해 획득한 자금을 운동자금이나 생활비에 충당하였다.

가 미 군인과 운전수가 반항하는 바람에 뜻을 이루지 못하였다.[38]

　김원식은 일국일당주의에 입각해서 북한의 조선노동당을 염두에 두고 활동하였다. 지금은 비록 직접적으로 연결되지 않지만, 앞으로 연결될 것을 염두에 두고 전략과 전술을 작성하였다. 당시 김원식의 전략전술에는 민족자본이 미국 자본에 의해 잠식당하고 있다는 인식이 기본적으로 깔려 있었다. 김원식은 이민택과 박인기를 북한으로 보내 북한의 인증을 받고자 하였다. 박인기에게 군대 소집영장이 나오자 김원식은 박인기에게 군대에 가면 월북하라고 지시하면서, 지뢰를 밟지 않고 피해가는 법 등을 가르쳤다. 김원식은 박인기에게 월북에 성공하면 북한 방송을 통해 제목에 문경새재가 들어간 노래를 모월 모일 모시에 틀도록 했는데, 약속한 일시에 약속된 노래가 방송되었다. 그후 박인기는 남쪽으로 다시 파견되었다. 김원식의 지하활동은 북한으로부터 인정을 받아 국기훈장[39] 2급을 받았다.[40]

　1950년대 후반기에 전국에서 각종 전단이 살포되고 있었는

38　『동아일보』 1958년 8월 9일자 ; 『경향신문』 1958년 8월 9일자(석간) ; 『조선일보』 1958년 8월 9일자(석간) 등을 종합

39　국기훈장은 1948년 10월 12일에 제정된 조선민주주의인민공화국의 첫 훈장으로 3등급으로 구성되어 있다. 정치적, 군사적, 문화적, 기술적 공로 등 넓은 범위의 공로를 치하하기 위하여 수여하였다.

데, 경찰은 그 배후에 김원식이 있는 것으로 보고, 그를 체포하기 위해 총력을 기울였으나, 소기의 목적을 이루지 못하고 있었다. 당시 경찰은 김원식을 검거하기 위해 2000만 원이라는 거액의 현상금을 내걸었다. 그런 가운데 김원식이 체포되는 데 결정적 계기가 된 반미삐라사건이 벌어졌다.

1958년 7월 20일 밤 반도호텔, 미 대사관 주변, 미 8군사령부 주변, 영등포 미군 부대 등지에 "미 제국주의자들은 물러가라", "노동자·농민은 총궐기하라"는 내용의 명함 크기의 등사판 전단 700여 매가 반미구국회의 이름으로 살포되었다.[41] 경찰이 대대적 수사에 나섰고, 24일에 고삼남(일명 이대웅)이 체포된 데 이어 28일에 2명이 더 체포되었다.[42] 이들은 김용조가 관리하던 조직의 구성원들이었는데, 이들이 체포되면서 김원식에 대한 정보가 모두 경찰쪽으로 넘어갔다. 경찰이 활기를 띠기 시작하였다. 김원식은

---

40 『동아일보』 1958년 8월 9일자 ; 『경향신문』 1958년 8월 9일자(석간) ; 『조선일보』 1958년 8월 9일자(석간) 등을 종합
41 『경향신문』 1958년 7월 22일자(조간) ; 『조선일보』 1958년 7월 22일자(조간) 등을 종합
42 『경향신문』 1958년 7월 26일자(조간·석간) ; 『동아일보』 1958년 7월 26일·31일자 ; 『조선일보』 1958년 7월 26일(석간)·7월 30일자(석간) 등을 종합

조직이 나눠진 탓에 반미삐라사건에 관한 아무런 정보도 얻지 못하였지만, 포위망이 좁혀져 오는 것을 본능적으로 느끼고, 아주 가까운 조직만 관리하고 아무도 찾을 수 없는 곳으로 도피하였다.[43] 당시 경찰에는 김원식의 얼굴을 아는 사람이 한 명 있었다. 그 사람은 김원식네의 논밭을 소작하던 사람의 아들인데, 일제강점기 주재소의 사환으로 취직했다가 해방 이후 경찰에 투신하여 형사가 된 자였다. 김원식의 습관까지 파악한 경찰은 김원식이 숭인동에서 신당동으로 넘어가는 다리를 지나갈 것으로 예상하고 다리 근처에 잠복하였다. 이를 알지 못한 김원식은 1958년 7월 30일[44] 변장을 하고 다리를 지나가다가 체포되었다.

반미삐라사건에 직접 관계된 4명 전원을 검거한 경찰은 김원식을 체포한 데 그치지 않고 김원식이 조직한 지하써클들을 색출하고자 하였다. 나아가 반미삐라사건을 조직사건으로 확대하고자 하였다. 8월 1일 이인구(김원식의 처제)가 체포되었다. 혐의는 7월 18일 집에서 전단을 등사하기 위하여 등사 원지를 직접 썼다는 것이다.[45]

---

43 김근수, 2021, 26쪽
44 『동아일보』 1958년 7월 31일자
45 『경향신문』 1958년 8월 2일자(석간)

김원식과 관계된 천관우, 언론계와 재계 인물 등도 조사를 받았다. 김원식 외에 정순택,[46] 강호웅,[47] 한운사,[48] 김동수金東

---

46 정순택은 경성고등상업학교 재학 중 김원식과 교류하였으며, 졸업 후 1949년 4월 광산물자배급소 경리과장으로 취업하여 회사 공금 1,800여만 원을 남조선노동당에 제공하였다. 1949년 5월에 월북했다가 1950년 6월 16일 선발 공작대원으로 서울에 잠입하였다. 9·28 때 월북하여 북한 상업성 부기부장(1954년 1월), 국가기술자자격심사위원(1955년 4월) 등을 거쳤다. 1958년 6월 내각 간부국에 소환되어 50일간의 교육을 받고, 남하하여 김원식과 지하공작을 하는 한편, 서울방송국 문화연구실 한운사에게 난수변신부亂數變信簿 암호문을 건네주고 해독방법을 교양하여 북한으로 연락하게 하는 등의 임무를 부여받았다. 1958년 7월 27일 서해안 루트로 서울로 입성하여 28일 정릉 서울방송국에 근무하는 한운사와 접선을 기도하던 중 체포되었다.(『동아일보』 1958년 8월 9일자 ; 『경향신문』 1958년 8월 9일자(석간) ; 『조선일보』 1958년 8월 9일자(석간) 등을 종합)

47 강호웅은 서울대 문리과대학 시절 김원식과 함께 지하활동을 하였으며, 6·25전쟁 때 북한 정치공작대 경북책을 거쳤다. 1956년 1월 부산에서 한산韓產회사를 설립하면서 김원식에게 공작비를 제공하였다. 북한을 왕래하면서 매월 2~3회씩 북한 실정과 학습교양을 김원식에게 실시하였다. 반미 삐라사건이 발생하면서 중부전선 루트를 통해 월북을 기도하다가 검거되었다.(『동아일보』 1958년 8월 9일자 ; 『경향신문』 1958년 8월 9일자(석간) ; 『조선일보』 1958년 8월 9일자(석간) 등을 종합)

48 한운사는 서울대 문리과대학 재학 당시 김원식의 지하운동에 가담하였으며, 6·25전쟁 당시 부역하였다. 1955년 12월 김원식을 2개월간 자기 집에 유숙시키는 한편, 공산주의 교육, 지하당 재건 등에 대해 모의하는 좌익활동을 하면서, 『인생 역마차』 등 수 편을 저술하여 서울방송망을 통해 방송하는 등 반정부활동을 하였다.(『동아일보』 1958년 8월 9일자 ; 『경향신문』 1958년 8월 9일자(석간) ; 『조선일보』 1958년 8월 9일자(석간) 등을 종합)

洙,[49] 이상필李商弼,[50] 김경수,[51] 이열호李熱鎬,[52] 김경길,[53] 이인구 등 9명이 구속되었다. 김원식은 심문 과정에서 경찰로부터 무수한 구타와 고문을 받았다. 그 후유증으로 왼쪽 눈이 실명하였고, 왼쪽 귀도 멀어서 보청기를 껴야 했다. 경찰은 8월 8일 반미삐라사건의 전모를 발표하였는데, 이 사건은 8월 9일 일간신문들에 대서특필되었다.[54]

---

49 김동수는 6·25전쟁 당시 빨치산으로 활동하였으며, 김원식의 전단살포 작업에 동참했다.(『동아일보』 1958년 8월 9일자 ;『경향신문』 1958년 8월 9일자(석간) ;『조선일보』 1958년 8월 9일자(석간) 등을 종합)

50 이상필은 세창화학 사장으로서 일제강점기부터 조선공산당에 입당하여 활약하였다. 해방 이후 김원식과 교류하며 약 200만 환을 제공하는 등 당조직 재건을 위한 재정책으로 활약하였다.(『동아일보』 1958년 8월 9일자 ;『경향신문』 1958년 8월 9일자(석간) ;『조선일보』 1958년 8월 9일자(석간) 등을 종합)

51 김경수(대학생)는 김용조를 월북시키려고 자금을 제공하는 한편 그를 은신·보호해주었다.(『동아일보』 1958년 8월 9일자 ;『경향신문』 1958년 8월 9일자(석간) ;『조선일보』 1958년 8월 9일자(석간) 등을 종합)

52 이열호는 대구에서 육군 헌병으로 복무할 때 김원식의 지령 아래 군부의 정보를 수집하여 제공하고 비밀연락원으로 활약하였다.(『동아일보』 1958년 8월 9일자 ;『경향신문』 1958년 8월 9일자(석간) ;『조선일보』 1958년 8월 9일자(석간) 등을 종합)

53 김경길(대학생)은 김원식의 연락원으로 지게꾼으로 가장하여 조직망의 연락을 취하고 각종 전단을 등사·살포하였다.(『동아일보』 1958년 8월 9일자 ;『경향신문』 1958년 8월 9일자(석간) ;『조선일보』 1958년 8월 9일자(석간) 등을 종합)

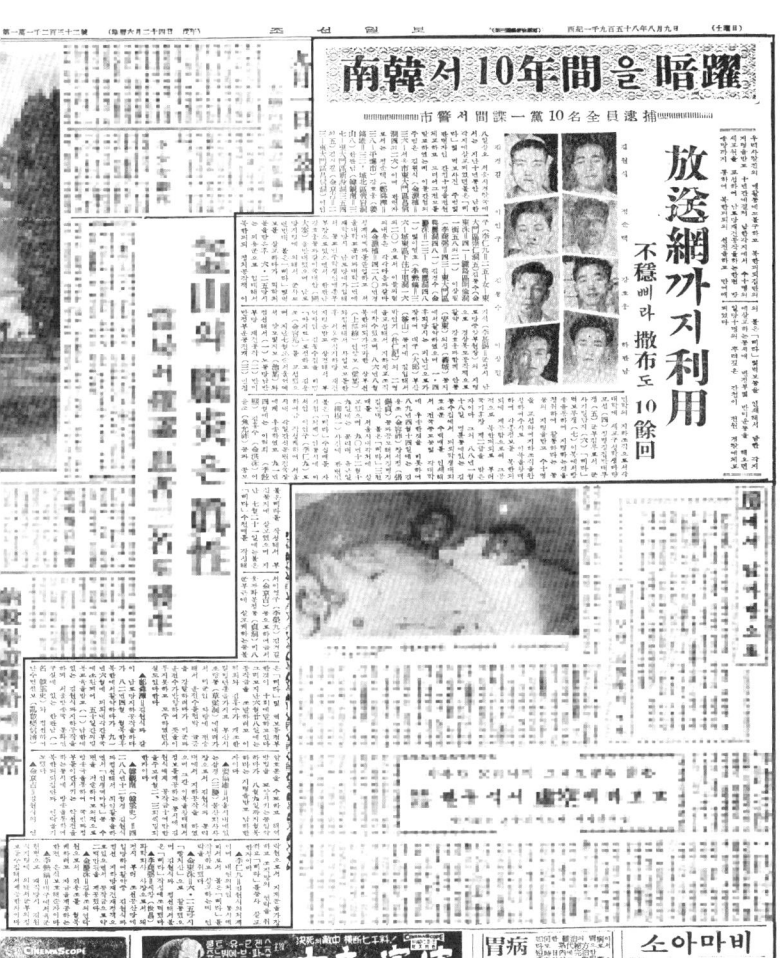

반미삐라사건 일간신문들 발표. '남한서 10년간을 암약'(『조선일보』 1958년 8월 9일 (석간) 3면)

---

54 『동아일보』 1958년 8월 9일자 ; 『경향신문』 1958년 8월 9일자(석간) ; 『조선 일보』 1958년 8월 9일자(석간) 등을 종합

이후에도 체포는 계속되었다. 8월 8일 밤에 송욱이 구속된데 이어 윤여백 등도 구속되었다.[55] 송욱의 구속 혐의는 1955년 7월 불온 삐라 사건 관련자 장석정張錫楨과 접선하여 7월 중순부터 8월까지 약 1개월간 미아동 모처에서 이철옥 외 수 명에게 변증법적 유물론을 강의하여 공산주의를 교육시켰고, 12월에는 군산시 망월동 하숙집에서 황동기에게 같은 내용의 교육을 시켜 공산주의 사상을 주입시켰다는 것이다.[56]

8월 20일 강호웅, 한운사 등이 국가보안법 위반으로 기소되고, 8월 25일에는 김원식이 간첩죄로, 김경길, 이인구, 김동수, 이상필, 이열호 등이 국가보안법 위반으로 기소되었다.[57] 8월 26일에는 김원식의 부인 이영구가 국가보안법 위반 혐의로 구속되었다.[58] 1959년 3월 30일에는 그동안 지명수배를 당해오던 김용조와 이상준이 국가보안법 위반 혐의로 구속되었

---

55 『경향신문』 1958년 8월 9일자(조간);『조선일보』 1958년 11월 18일자(조간) 등을 종합
56 『경향신문』 1958년 8월 9일자(조간)
57 『조선일보』 1958년 8월 26일자(석);『동아일보』 1958년 8월 26일자;『경향신문』 1958년 8월 26일자 등을 종합. 『조선일보』 1958년 8월 26일자에 의하면, 정순택은 아직 수사 중에 있으며, 김경수는 아직 체포되지 않았다.
58 『동아일보』 1958년 8월 28일자

다.[59] 1959년 1월 17일 서울지방법원은 김원식에게 무기징역, 이영구·김경길·김동수·이상필 등에게 징역5년, 윤여백에게 징역2년, 이인구·송욱·강호웅 등에게 징역3년 집행유예5년, 한운사에게 무죄를 선고하였다.[60] 이에 김원식 집안에서 사방팔방으로 구명운동을 벌였다. 1959년 5월 14일에 개정된 2심에서는 김원식만 무기징역에서 징역10년으로 감형되고, 나머지는 모두 공소기각되었다. 김원식이 2심에서 무기징역에서 징역10년으로 감형된 것은 간첩의 지령에 의해 움직였다는 증거가 없다며 간첩죄는 증거불충분으로 인정하지 않고 국가보안법 위반 혐의만 인정하였기 때문이다.[61] 1959년 9월 18일 대법원은 상고기각 판결을 내리고 2심 판결을 확정했다.[62]

---

59 『동아일보』 1959년 3월 31일자
60 『동아일보』 1959년 1월 17일자;『조선일보』 1959년 1월 17일자(석간)
61 『동아일보』 1959년 5월 14일자;『조선일보』 1959년 5월 14일자(석간) 등을 종합
62 『동아일보』 1959년 1월 17일·9월 18일자

6. 수형 생활을 하다

김원식은 처음에는 서울형무소 2사에 수감되었다. 거기서 잠시 조봉암과 수형생활을 같이 하기도 하였다. 서울형무소에서 일주일도 안 되어 마포형무소로 이감되었는데, 마포형무소는 독방체제였다. 마포형무소에서 4월민주항쟁 소식을 들었다.

5·16쿠데타가 일어나고 얼마 지나지 않아서 쿠데타 정권은 비전향 좌익 사범들을 거의 대전으로 이감하였는데, 김원식도 이때 대전으로 이감되었다. 쿠데타 세력에 의해 '반혁명분자'들이 수감되면서 감옥은 꽉 찼다. 그 결과 독방을 운영하지 못하고 모두 합방시켰다. 김원식이 대전 감옥에서 만난 사람들은 7~8명이었다. 교도소 측에서는 정보 전달과 상호 교육을 막기 위해 수인들을 섞지는 않았다.

대전 감옥에서는 벽을 두드려서 하는 통방이 가능하였다. 통방을 통해 전해오는 소식은 바깥 정세에 관한 것으로서, 그 내용은 엉터리가 많았지만 희망을 주기도 하였다. 통방의 중심 인물은 김규호였다. 김규호는 전남 강진 사람으로 일제강점기 일본 오사카大阪로 가서 교토제국대학 철학과를 졸업했으며, 1948년에 북한으로 가서 신문사 주필을 하였다. 1950년대 초에 일본으로 파견되었다가 체포되어 국내로 압송되었다. 김규호는 감옥에서 통방을 통해 맑스레닌주의 원전을 중심으로 철학과 경제학 등을 교육하였다. 김규호는 5·16군사정권의 회유를 받기도 하였으나 거절하였다.

김원식은 수형생활을 하는 동안 콩투쟁, 밥투쟁, 목욕투쟁 등에 동참하였다. 밥에 섞여 나오는 콩의 개수가 줄어들면 재소자들은 자신들을 죽이려는 짓이라며 투쟁을 했는데, 이 투쟁을 콩투쟁이라 한다. 교도소 측은 항거를 하는 자들을 먹방에 처넣었다. 창을 다 가려서 컴컴한 먹방은 어둠 속에서 공포를 이기지 못한 수감자들이 자살하지 못하도록 사방 벽을 푹신푹신한 것으로 덧대어 놓았다.

어느 날 어느 방 누가 체벌로 죽었다는 소문이 돌기 시작하였다. 이에 재소자들은 단식투쟁을 하기로 결정하고, 다들 오후 5시 저녁 식사를 받아놓고 소리를 지르기 시작하였다. 김원식도 동참하였다. 간수들이 공포탄을 쏘면서 한 명씩 데려다가 때리기 시작하였다. 사나흘간 단식투쟁을 벌이자 사망자가 나올까 두려워 한 감옥 관계자들이 재소자들을 불러 면담을 하였다. 단식투쟁의 목적을 묻는 질문에 처우개선을 요구하였다. 네댓새에 걸쳐 단식투쟁한 결과 소장이 재소자들의 요구를 수용함으로써 단식투쟁은 종결되었다. 단식투쟁을 누가 조직하고 그 조직이 외부와 연결되었는지의 여부가 저들의 관심사였다. 김원식은 석방된 뒤에도 이에 대해 조사를 받았다. 단식투쟁 이후 김원식은 4사에서 6사로 이감되었다.

감옥에는 북한에서 내려왔다가 체포된 사람들도 있었다. 김원식과 수형생활을 같이 한 사람 중 북한에서 내려온 사람은

4사에서 만난 엄근수, 6사에서 만난 한태갑 등이었다. 김원식은 이들로부터 북한의 변화상에 대해 들었다.

당시 교무과에 있는 목사한테 주어진 과제는 좌익수들을 전향시키는 것이었다. 오랜 감옥생활로 약해진 사람을 중심으로 전향시켜 놓고, 그로 하여금 강당에서 강연을 하게 하였다. 그 중 한 명이 정현철인데, 정현철은 4월민주항쟁이 일어나자 북한에서 파견되어 내려온 사람이었다. 정현철은 북에서 파견되어 남편이 이화여대 영문학과 교수인 누이동생 집을 찾아갔다가 거절당하였다. 그 집을 나와 걸어가다가 발을 잘못 디뎌 공사장에서 굴러떨어졌다. 지나가던 사람이 꺼집어내주자, 정현철이 무심결에 "아, 동무 고맙소"하고 인사를 하였는데, 이를 이상히 여긴 사람의 신고로 체포되었다. 정현철의 강연 내용은 몇 년 안에 남한이 해방된다는 북한의 말은 다 거짓말이라는 것이었다.

김창순도 강연하였는데, 그 내용은 현재의 자본주의는 맑스나 레닌의 사정거리에 벗어나 있다는 것이었다. 즉 현재의 자본주의는 맑스나 레닌 시대의 자본주의와는 너무 달라져서 그들의 이론으로는 현재의 자본주의사회를 이해할 수 없다는 것이다. 당시의 김원식은 허튼 소리라고 일축하였다.

김원식이 수형생활 말기에 만난 사람 중에는 특이한 사람도 있었다. 그 사람은 함흥 출신으로 6·25전쟁 때 강제로 떠

밀려 어머니, 누이와 함께 월남하였다. 가정형편이 어려운 가운데 서울대 문리과대학 수학과에 입학하여 조직을 하나 꾸렸다가 체포되어 감옥에 들어왔다. 이 사람은 머리가 비상하였는데 감옥 안에서 자연과학 계통의 책을 탐독했다. 김원식도 이 사람에게 배우면서 자극을 받아 고등학교 물리, 화학, 수학 공부를 하였다. 석방된 뒤에 이 사람을 만난 적이 있는데, 그때 이 사람은 무면허로 병원을 크게 차려놓고 있었다. 주로 여성들의 소파수술을 하였는데, 꽤 유명했다. 의사면허증을 빌려준 사람과 의견충돌이 생겨 입건되었으나 풀려났다. 그 이후 누이의 남편이 경영하는 부산에 있는 약국에 가서 일하였다. 약국의 일을 배운 후 무면허로 약국을 차려 경영하였다. 하지만 결혼에 실패하면서 인생을 술로 허비하였다.

김원식은 수형생활 중에 바늘을 만들어 옷을 꿰매 입기도 하였다. 바늘은 책을 제본하면서 사용한 철사를 며칠을 갈아서 만든 것이고, 실은 걸레의 올을 꼬아서 만든 것이었다. 감옥생활이 단조롭다 보니 소일거리로 바퀴벌레를 기르는 사람도 있었다. 김원식은 옥 중에서 할아버지(1959년 7월 6일 사망)와 아버지(1962년 4월 15일 사망), 그리고 큰어머니(김태규의 본처 윤씨부인)의 사망 소식을 들었다.

형 만기가 다 되어 가면 재소자들은 대개 만기병을 앓는데, 김원식도 만기병을 앓았다. 2년 정도 남았을 때 아무도 모르게 730(365×2)이라는 숫자를 표시해 놓고 매일 하나씩 빼나가는데, 1년 정도 남겨놓은 어느 날 갑자기 소화가 안 되는 현상이 벌어졌다. 석방 이후의 활동을 생각해서 정규 운동 시간 외에도 전신을 움직이는 운동을 열심히 하여 평소에는 그런 적이 없었다. 소화가 안 되면서 식욕도 없어졌다. 몹쓸 병에 걸린 것이 아닌가 의심이 되어 일주일에 한 번씩 오는 의사에게 물어 보았으나, 자기도 모르겠다는 말뿐이었다. 물도 넘기기 어려운 상태에서 불면증까지 왔다. 그런데 2주일 정도가 지나서 그 동안 보지 못하던 대변을 보는데, 말라비틀어진 회충 덩어리가 한 웅큼 나왔다. 소화불량의 원인을 알게 되면서 걱정이 사라지고 활력이 생겨 수형생활을 건강하게 마칠 수 있었다.

김원식은 전향서를 쓰지 않아 10년을 꼬박 채웠지만, 이영구는 전향서를 쓰고 3년만에 출옥했다.[63] 석방된 이영구는 한복 기술자로 일하면서 김원식을 옥바라지하였다.

---

63   이영구, 2015, 11쪽

7. 석방 이후 새로운 길을 모색하다

1968년 김원식이 출옥하자 경찰이 인수를 하면서 어디로 갈 것인지를 묻고, 관할 지역의 지소에 연락할 것을 당부하였다. 석방된 김원식은 1947년 가을에 본처와 자식 셋(2남 1녀. 그중 한 명은 임신 중)을 두고 나온 뒤 연락을 끊었던 고향집으로 부인 이영구와 함께 내려갔다. 고향집에 있는데 동창들이 찾아왔다. 이들과 연락을 서로 주고받기로 하였는데, 이들이 김원식을 찾아온 것은 경찰의 사주로 김원식의 동향을 살피기 위해서였다. 몇 달이 지난 뒤 전투경찰 경감으로 있던 조카뻘인 사람이 인사차 찾아왔길래, 서울에 가고 싶다고 하여 허락을 받았다. 서울에 있는 동창들을 만나 회포를 풀었는데, 이들도 김원식이 한 말 등을 그대로 경찰에 보고했다. 김원식도 그러한 사정을 이미 알고 있어서 안부만 물었을 뿐 별다른 얘기는 하지 않았다. 그리고 가까이 지내던 사람들과 먼 친척들까지 일일이 찾아보고 인사를 드렸다. 증조부뻘 되는 사람으로부터 역적이라느니, 족보에서 파내버려야 한다느니 하는 말을 듣고는 주위의 반응을 살피는 것을 그만두었다.

김원식은 본처와 식구들이 우리나라의 분단 현실을 이해하고 이영구와 서로 평등하고 화목하게 살기를 원했지만, 적서의 차별은 심했다. 본처를 비롯하여 주위에서 이영구를 첩으로 대우하면서 차별하는 등 핍박이 심하였다. 어머니에 대한 대우도 마찬가지였다. 어머니는 이집 저집을 돌아다니며 밥을 얻어먹고 있는 상황이었다. 이에 실망한 김원식은 2년 정도 지나 사회에 어느 정도 적응하자 고향집을 떠나 서울로 올라가기로 하였다.

서울로 가자니 생활자금이 문제였다. 그 많던 토지는 농지개혁으로 소작인들에게 분배되었고, 분배되지 않은 토지는 대부분을 본처가 자기 명의로 이전해놓았다. 자신이 처분할 수 있는 재산은 별로 없었다. 김원식은 농지개혁 대상에서 제외된 임야나 대지 등 숨겨진 재산 파악에 나섰다. 소작인들에게 집터를 빌려주는 대신 텃토지(남의 땅에 집을 짓고 사는 대가로 지불하는 지대)를 받고 있었는데 그 현황을 조사했다. 다른 지역에 있는 재산은 그 지역에 직접 가서 조사했다. 몇 달에 걸친 조사 끝에 할아버지와 아버지 명의의 토지, 미등기 토지, 대지 등을 찾아냈다. 1만4000여 평에 달하는 대지는 살고 있는 사람들에게 사정하다시피 해서 팔았고, 임야도 조상의 묘가 없는 것은 거의 다 팔았다. 그래도 남은 임야가 8만 평에 달했다.

일단의 생활자금을 마련한 김원식은 가치관이나 인생관이 전혀 다른 본처 및 자식들과 결별하고 어머니를 모시고 서울로 올라갔다. 생활을 어떻게 꾸려갈 것인가 하는 문제를 해결하는 것이 급선무였다. 김원식은 지금까지 생활 문제에 대해 고민해 본 적이 별로 없었다. 어려서는 비교적 경제사정이 좋은 부모님이 먹여주고 공부시켜 주었으며, 성장하여서도 생활자금을 벌어본 적이 없었다. 하지만 출옥 이후는 상황이 달라졌다. 경제적으로 후원해주던 할아버지와 아버지도 돌아가시고 없었다.

1970년대 초 토지를 팔아 마련했던 자금을 자본으로 삼아 공신주택이라는 주택건축회사를 경영하였다. 하지만 온갖 불법과 편법이 판치던 업계에서 곧이곧대로 회사를 경영하다보니 수지타산이 맞지 않았다. 결국 살아남지 못하고 집 30여 채를 짓고는 파산했다.[64]

생활비와 1969년에 태어난 아들 양육비를 벌기 위해 온갖 궁리를 다하던 김원식은 어느 날 청계천 상가로 나갔다. 전기자재를 취급하던 가게로 들어가 일자리를 부탁하였다. 가게 사장과는 조금 알던 사이였다. 평소 김원식을 깍듯하게 대하던 사장은 안 된다고 거절하였다. 차라리 한 달에 얼마씩 돈을 드리겠다고 했다.

가게에서 일하면서 기술적인 문제를 배운 뒤 자신도 가게를 하나 차려볼까 하는 생각을 가지고 있던 김원식은 막무가내 식으로 가게로 나가 전화도 받고 손님 접대도 하고 상담도 하였다. 리어카나 트럭 등으로 자재 운반도 하였다. 지방에 있는 공장에 납품도 하였다. 김원식은 자신도 노동을 한다는 데 뿌듯한 감정을 느꼈으며, 다달이 꼬박꼬박 월급을 받을 때는 보

---

64   이영구, 2015, 12~13쪽

람을 느끼기도 하였다.

시간이 지나면서 김원식은 경영에도 관여하게 되었다. 사장이 상의를 해오기도 하였다. 가게에서 일한 지 1년 반 정도가 되었을 때 김원식의 위상이 크게 달라졌다. 사장보다 높은 위치에 올라서게 되었다. 이에 김원식은 본인이 사장에게 도움이 되었을지는 몰라도 무언가 잘못되었다고 판단하고 가게를 그만두었다.

김원식은 돈벌이는 그만두기로 하였다. 돈벌이는 현실을 너무 모르는 자신에게 어울리지 않는 일이라는 판단에서였다. 여의치 않으면 시골에서 생산되는 물건을 갖다가 지인들에게 팔아서 자식 양육비를 마련하면 된다는 생각도 일정 부분 작용하였다. 김원식이 돈벌이를 포기하자 생활 문제 해결에 훨씬 구체적이고 실천력이 있던 이영구가 돈벌이에 나섰다. 그녀는 국민서관이라는 출판사에 취직하여 경리 업무를 보았다. 그러다가 나중에는 편집국장까지 겸임하였다.

김원식은 지금까지 몸 바쳐 온 공산주의에 대한 공부를 다시 시작하였다. 공산주의의 현 상황에 대해 제대로 전해주는 책이 없어서 신문이나 잡지 등에 실린 글을 보고 공산주의가 어떻게 되어가는지를 가늠할 수밖에 없었다. 소련 경제가 어려운 처지에 빠지면서 1956년 소련 공산당 제20차 당대회 문건[65]에서 주장한 것과는 달리 계획대로 실현이 안 되고 계획을 계속 변경하는 사태에 빠진 것을 목격하였다. 그리고 소련 세계경제정치연구소에서 발간한 『세계경제공황사』의 자본주의경제에 대한 예측이 빗나가고 있다는 것도 알게 되었다. 이에 본인이 알고 있는 공산주의와 현실의 공산주의가 상당히 다르다는 것을 느끼며 공산주의에 대한 회의가 일기 시작하였다. 본인이 알고 있는 공산주의가 잘못된 것은 아닌가 하는 의구심이 생겨난 것이다. 거기에 감옥에서 북한 사람들로부터 들은 북한의 실정, 일본인으로부터 들은 소련의 실정 등이 더해지면서 공산주의에 대한 믿음이 흔들리기 시작했다. 그러한 상태에서 김원식은 이러한 조건에서 앞으로 어떻게 할 것인가라는 문제에 매달렸다.

김원식은 점차 공산주의에서 여러 가지로 벗어나기 시작하였는데, 그 과정에서 "민족이 뭔가?", "민중이 뭔가?"를 화두로 던지고 궁구하였다. 누구한테 물어보기도 하고 또 책도 찾아보았다. 하지만 무엇보다도 고민을 통해 스스로 길을 모색하였다.

신채호가 진정한 민족해방운동가라는 사실을 알고 여기저기를 기웃거리며 신채호에 대한 자료도 찾아보았다. 신채호

---

65 김원식은 1958년 체포되기 전에 1956년 소련 공산당 제20차 당대회 문건을 숙지하고 있었다.(김근수, 2021, 26쪽)

를 주제로 한 학술토론회, 신채호 선생 기념사업 등에도 참석하고, 신채호 선생의 며느리인 이덕남 여사를 찾아보기도 하였다. 진외가(아버지의 외가)가 고령 신씨라 그들과 교류를 하기도 하였다. 신채호가 재판정에서 재판관의 질문에 "고토쿠의 저서가 가장 합리한 줄을 알았"다고 답변하였다는 사실을 역사문제연구소에서 듣고, 일본 아나키스트 고토쿠 슈스이幸德秋水에 대해서도 관심을 가지게 되었다.

그는 민중이 역사발전의 주체임을 인식하고 종교와 민중의 관계를 천착해보고자 가톨릭, 개신교, 원불교, 불교 등 4대 종교계를 섭렵하였다. 가장 심력을 기울였던 곳은 불교였지만, 가톨릭계에 김원식을 후원하던 사람이 있었던 관계로 먼저 가톨릭계와 접촉했다.

가톨릭계와는 이영구가 출소하면서부터 연결되었다. 이영구가 출옥할 시기가 다가오자 대전형무소 작업과장이 출소할 때 주소를 써서 여자 부장에게 주고 가라고 해서 그렇게 했는데, 출옥한 뒤 가톨릭계 인사가 이영구를 찾아왔다. 대전에 있으면서 김원식을 옥바라지할 것이면 대전에 취직자리를 알아봐 주겠다고 하기에, 이영구는 방을 얻을 돈이 없어서 대전에 있지 못하고 서울로 가겠다고 했다. 그랬더니 서울에 있는 자기 동기동창이 새로운 사업을 시작했다면서 거기에 일자리가 있는지 알아보겠으니, 연락이 올 때까지 기다리고 있으라고 하였다. 얼마 지나서 그 회사에서 연락이 왔다. 사장이 5급(당시는 9급) 공무원 급료를 주겠다고 하기에, 그 회사에서 일하면서 김원식을 옥바라지하였다.[66] 이후 방테레사 수녀가 이영구를 자주 찾아 왔고, 이영구는 방테레사 수녀와 자매처럼 지냈다.

김원식이 출소하자 방테레사 수녀가 집에 와서 김원식에게 건강검진을 받아볼 것을 권하였다. 가톨릭계의 주선으로 가톨릭병원에서 무료로 건강검진을 받을 수 있었다. 김원식은 취조 중 행해진 고문 후유증으로 중이염을 앓았는데, 명동 성모병원에서 치료를 받았다. 방테레사 수녀가 성바오로병원 원장을 하고 있을 때도 방테레사와의 관계는 유지되었다. 김원식은 감사한 마음에 방테레사 수녀가 사망할 때까지 일 년에 한 번씩은 꼭 찾아뵙고 인사를 드렸다. 그 과정에서 방테레사 수녀가 가톨릭 입교를 권유하였고, 이에 김원식은 먼저 가톨릭에 대한 지식이 있어야 하지 않겠느냐고 하니 『준주성범』이란 책을 추천해주었다. 이 책의 핵심은 주를 위하여 가족을 비롯하여 모든 것을 버리라는 것이었는데, 이는 볼셰비즘의 "당을 위하여 모든 것을 버려라"는 지침과 일맥상통하는 것임을 깨달았다. 이어 방테레사는 김원식이 사는 동네 성당의 김창석 신부를 소

66　이영구, 2015, 11~12쪽

개해주었다. 일주일에 한 번씩 몇 달 동안 교리 공부를 한 뒤, 마지막 과정으로 신부를 만났다. 그런데 마리아가 처녀의 몸으로 예수를 낳았다는 것과 미사 때 신부가 신도들에게 포도주를 나누어 주면서 '나의 피'라고 하는 부분은 도저히 인정할 수 없었다. 이를 두고 신부와 서너 차례 의견을 나누었지만 합의를 보지 못하였다. 김창석 신부가 다른 곳으로 옮겨가면서 방 테레사 수녀가 다른 신부를 소개해주었다. 하지만 그 신부와도 그 문제를 해결하지 못하였고, 결국 영세를 받지 않은 채 가톨릭계와의 관계는 끝났다.

개신교와의 관계는 일제강점기 10대 후반에 기독교사회주의 계통의 일본인 목사를 만난 데서부터 시작되었다. 목사가 되라고 권유할 정도로 그 목사와 가깝게 지냈지만, 그 청을 뿌리쳤다. 그리고 출옥 이후 50대에 앞으로의 진로에 대해 고민할 때 신문을 통해 홍근수 목사를 알게 되었다. 어느 날 새벽에 버스를 타고 홍근수 목사가 집도하는 향림교회로 가서 예배를 보았다. 이후에도 가끔 가서 홍근수 목사의 강론을 들었다. 이를 이상하게 여긴 신도들의 요청으로 홍근수 목사가 김원식과 면담하였다. 그 면담에서 김원식이 자기가 홍근수 목사의 강론을 들으러 오는 이유에 대해 설명하자, 홍근수 목사는 우리나라 기독교 교회의 실태와 해방신학에 대해 설명해주었다. 그 이후 이삼년간 홍근수 목사를 만났다. 이외 개신교계와의 관계에는 특별한 것이 없었다.

원불교가 일제의 강력한 탄압을 이겨낸 데다가 외국 종교단체의 지원을 받지 않음에도 교세가 번성하고 있는 것을 알고 관심 있게 보게 되었다. 김원식은 1980년대 전반에 원불교 종로교당을 찾았다. 반년 정도 일요일마다 법회에 몇 차례 참석하여 좌산 이광정 교감의 법설을 들었다. 이를 눈여겨 본 사람들이 김원식과 이야기를 하는 자리를 마련했다. 원불교와 관계를 맺게 된 김원식은 원불교가 우리 민족에게 무엇을 가르치고 어디로 끌고 가려는지를 살펴보고자 했다. 우선 교당 내부 사정을 알아보기 위해 김원식은 교도들 조직인 교화단에 가입하고 교리공부 모임에도 참석했다. 이리(지금은 익산시)에 있는 원불교 총부도 방문하여 현역에서 은퇴를 한 원로원 교역자들과 대화를 나누어 보기도 하였다. 교화단은 민주적으로 운영되고 있었는데, 마치 공산당의 세포 조직같아 보였다. 김원식이 본 원불교는 민주주의가 생활에 깊게 녹아들어가 있으며, 발언권이 자유롭고, 식사나 잠자리 같은 것에는 상하가 없었다. 그리고 원불교에서 경영하는 보화당한의원은 약재 등을 정직하게 사용하고 환자를 성심성의껏 돌보았는데, 가난한 사람들이 많이 이용하였다. 이러한 점들이 원불교가 민중 속에 깊이 침투할 수 있게 만들어준 것이라고 김원식은 파악했다. 그런데 원불교 측에서 김원식에게 간부 자리를 맡기려고 하자, 김원식은 이를 거절하고 원불교와의 관계를 정리하였다.

김원식이 불교를 접하게 된 것은 법정 스님의 책을 통해서였다. 홍은동에서 살 때 법정 스님의 책을 처음으로 보게 되었다. 그 책은 부인의 책이었다. 당시 출판사에서 근무하던 부인은 책 출판 관계로 법정 스님과 관계를 맺고 있었다. 그러한 관계로 집에는 법정 스님의 책이 많았다. 김원식은 법정 스님의 책을 여러 권 읽었다.

1980년대 후반 무렵 1년 반 정도 고적답사를 다녔다. 답사를 다닌 곳은 주로 절이었고, 향교는 한 군데 가봤다. 현재 관광지로 되어 있는 절은 가지 않고, 큰 사찰이었으면서도 현재는 유적만 남아 있는 곳을 중심으로 다녔다. 고적답사를 다니면서 한국 불교의 역사도 공부하였다. 일제강점기에 일본 불교가 한국에 들어와 한국 불교를 어떻게 파괴하고 장악해나갔는지를 알아보는 것에서부터 공부를 시작했다. 불경도 함께 공부했다. 반야바라밀다심경과 그 해설서를 여러 권 읽어보았지만, 해설서마다 해설을 달리 하고 있어서 그 의미를 이해하기는 어려웠다.

한정된 시간에 무언가를 알아내야 한다는 강박관념에 사로잡혀 김원식은 한국 서적이건 일본 서적이건 선불교에 관한 책이면 가리지 않고 읽었다. 하지만 선은 논리적으로 접근할 수 있는 것이 아니라 실제로 앉아서 행해야만 느낄 수 있다는 글을 읽고는 직접 선을 행해보기로 하였다. 마침 집에서 접근하기에 교통이 편리한 법륜사라는 절에서 토요좌선을 한다는 공고문이 나붙었다. 밤새도록 좌선을 한다는 것이다. 토요좌선에 참가하는 절차 등을 알아보면서 선에 관한 책을 읽었다. 하지만 아무리 책을 붙들고 씨름해도 무슨 말을 하는지 도통 알 수가 없었다. 밤낮으로 책을 보면서 책을 집어 던지기도 하고 소리를 지르며 욕을 하기도 했다. 부인이 보기에 마치 미친 사람 같았다고 한다. 한 3년 정도 매달리니 무언가 약간은 알 수 있을 것 같았다. 자기 수양과 남에게 나누는 것 이것이 불교의 요체다라는 것으로 그동안의 공부를 정리하였다.

불교에 대해서 어느 정도 알게 되면서 스님을 만나 보기로 하였다. 김원식이 만난 스님은 법정 스님, 지묵 스님, 진관 스님과 알려지지 않은 스님 한 분 등 네 분이었다. 제일 처음에 만난 스님은 지묵 스님이었다. 집을 나와 절 근처로 가는데, 길을 가고 있는 스님 한 명이 눈에 띄었다. 애기 좀 하자면서 서로 알지도 못하는 스님을 무턱대고 근처 애기할 만한 곳으로 끌고 갔다. 그 사람은 지묵 스님이었다. 지묵 스님에게 자신에 대한 애기를 하면서, "선종에서 득도한다고 하는데, 득도라는 게 도대체 무언가"라는 질문을 했다. 그리고 큰 스님을 소개해 줄 것을 부탁하자, 일광 스님과 부천에 있는 스님 한 명을 소개해주었다.

먼저 일광 스님을 만나러 일요일에 우이동에 있는 절을 찾아갔다. 절은 수풀 속에 있었는데, 보통 절과 달리 일반 가정집처럼 생겼다. 응접실에 많은 사람들이 앉아 있었는데 다들 일광 스님을 만나러 온 사람들이었다. 차례를 기다려 법회 시작 15분 전에 일광 스님을 만날 수 있었다. 김원식은 일광 스님에게 지금까지 불교 공부를 해왔는데, 나 혼자 생각하고 나 혼자의 힘으로 해결하고자 시도해오다가 벽에 부딪혀서 산 사람의 목소리를 듣고 싶어서 왔다는 요지의 말을 했다. 일광 스님이 무슨 불교 서적을 읽었느냐고 질문을 해서 반야바라밀다심경에서부터 법정 스님의 글, 서산대사의 삼가귀감(『선가귀감』, 『유가귀감』, 『도가귀감』) 등을 읽었지만 무슨 말인지 모르겠다고 답했다. 법회 시간이 다 되어서 법당으로 들어갔는데, 비닐을 치고 스티로폴을 깔아놓은 법당에는 많은 사람들이 앉아 있었다. 설법 제일 마지막에 일광 스님이 김원식의 질문에 답변을 하는데, 그 말을 들은 김원식은 두 번 올 데는 못 되는 곳이라 생각하고 절을 나왔다.

지묵 스님이 서울에 오면 연락을 해서 많은 대화를 나누었다. 어느 날에는 지묵 스님이 커다란 부채를 주면서 "무슨 글씨를 써줄까요"하고 묻길래, '수처작주 입처개진'(隨處作主立處皆眞, 어디를 가든 주인이 되면 그곳이 어디든 참된 곳이다)을 써달라고 했다.

1991~1992년 송광사에 가기 전에 지묵 스님의 소개로 법

정 스님을 만났다. 지묵 스님에게 법정 스님을 소개해줄 것을 요청했으나, 지묵 스님은 법정 스님을 만나기는 참으로 어렵다면서 난색을 표했다. 어느 날 지묵 스님으로부터 전화가 걸려왔다. 지금 나오면 법정 스님을 만날 수 있다는 것이었다. 지묵 스님과 만나서 택시를 타고 상도동 어느 산골에 있는 암자로 갔다. 지묵 스님은 법정 스님에게 안내만 해주고 방 밖으로 나갔다. 김원식은 법정 스님에게 불교에 대한 질문을 했다. 법정 스님과의 대화는 20분 정도 이어졌다. 법정 스님은 차를 대접하면서 향적이라는 법명까지 지어주었다. 법정 스님은 다음부터는 전화만 주면 언제라도 만날 수 있다고 했으나, 이후 김원식은 법정의 불교는 자본주의와 타협한 불교라는 판단을 내리고 다시는 법정 스님을 찾지 않았다.

자주 만나면서 친근한 관계를 유지해오던 지묵 스님이 입산을 권하길래, 자신은 계율을 지킬 자신이 없어서 못 한다고 답변하였다. 이후 지묵 스님과도 거리가 멀어졌다. 이로써 10여 년에 걸친 김원식의 종교계 섭렵은 막을 내리게 되었다.

김원식은 불교계와 관계하면서 스님들이 자기가 먹을 것은 스스로 재배하는 것을 보고 많은 생각을 하게 되었다. 지금까지 경제적 사정이 좋은 집에서 태어난지라 먹는 문제는 당연히 해결되는 것으로 여겨왔더랬는데, 그러한 사고가 바뀐 것이다.

김원식은 출옥한 이후 지하 조직활동은 전혀 하지 않았다.

비합법활동은 할 수도 없을 뿐 아니라, 할 수 있다고 해도 성과도 내지 못하고 사회적 물의만 일으킬 뿐이라는 판단에서였다. 김원식이 지하 조직활동을 하지 않으면서 먹고사는 문제에 매달리자 당국의 감시망이 느슨해졌다. 그동안 김원식은 경찰, 보안사 등 4개의 기관으로부터 감시를 받았다. 감시기관은 김원식의 거주지역에 정보원을 심어놓고 그들로 하여금 이러저러한 핑계를 대고 김원식의 집을 찾아가 동정을 살피게 했다. 검찰은 직접 찾아오지는 않았지만, 3개의 기관으로부터 정보를 보고받았을 것으로 김원식은 추측하였다. 김원식은 비합법활동을 하지 않을 바에야 이사를 갈 필요도 없고, 오히려 이사를 자주 가면 당국의 주의만 살 뿐이라는 판단에서 한 군데에 눌러앉기로 방침을 세우고 30년 동안 이사를 가지 않았다. 30년 동안 담당 경찰은 10명이나 바뀌었는데, 김원식은 이들 경찰과도 친하게 지냈다. 김원식의 이러한 방침은 감시기관으로 하여금 감시를 느슨하게 하도록 만들었다. 명절에는 경찰로부터 선물을 받기도 했다. 하지만 반정부적 성향은 확실하게 드러냈다. 주위에서도 "저 집은 정부와 여당에 반대하는 집이다"라고 인식할 정도였다.

8. 반핵운동에 뛰어들다

김원식은 출옥한 이후 어떻게 살 것인가에 대해 줄곧 고민하였다. 그는 레이첼 카슨의 『침묵의 봄』과 머레이 북친의 저서를 접하면서 환경 문제에 대해 많은 관심을 가지게 되었다.[67] 그는 일본에 있는 지인으로부터 일본의 환경운동에 관한 정보를 전해 듣고 그들로부터 환경 문제와 관련된 자료들을 받아보았다. 이 자료들을 통해 환경과 핵 문제에 대해 공부를 하는 과정에서 환경 문제의 심각성을 깨달았다. 그는 이미 공기는 오염될 대로 오염되고, 또 물과 흙도 오염되어 생물이 살아가기 어렵게 된 지경에 이른 것으로 인식하기에 이르렀다.

환경 문제에 대한 생각이 깊어지면서 그는 앞으로의 행동 방향을 모색하였다. 환경운동에 뛰어들 것인가, 아니면 농촌에 가서 농사를 지으며 살아갈 것인가 하는 두 갈래 갈림길에서 심각하게 고민했다. 고민 결과, 오염되지 않은 시골에 가서 풍토에 맞는 집을 짓고 조그마한 밭뙈기를 일구어 먹거리를 스스로 해결하며 사는 것도 괜찮지만, 역사 밖에서 살아갈 수는 없으니 본인이 가진 것으로 이 사회에 봉사하는 것이 옳은 자세라는 결론을 내렸다. 젊은 시절 체제변혁운동에 참가하였던 그는 환경 문제는 체제 개혁 없이는 해결되지 않는다는 판단 하에 환경운동

---

67 김근수, 2021, 27쪽

에 종사하기로 결정하였다. 즉 환경운동이 곧 반체제운동이라고 인식한 것이다.[68] 김원식은 경찰의 감시망이 느슨해지자 1980년을 전후하여 환경운동에 뛰어들 기회를 엿보았다.

당시 서구 사회나 일본에서는 환경 문제가 커다란 사회 문제로 되고 있었지만, 한국은 환경 문제에 대한 인식이 매우 미미한 수준에 있었다. 1970년대 일본에서는 자본주의와 사회주의가 이룩한 물질적 성과는 지구 파괴를 동반하고 있다는 인식에 도달했으며, 일반 시민들이 참여하는 환경운동이 전개되고 있었다. 하지만 한국에서는 제도권 차원에서만 환경 문제가 거론되고 있을 뿐이었다.

김원식은 환경부가 주관하는 환경 문제를 주제로 하는 학술 세미나에 참가했다. 참가하는 사람들은 정부 기관에 근무하고 있는 사람들이 대부분이었고, 일반 시민은 거의 참가하지 않았다. 1970년대 말 내지 1980년대 초 무렵 환경청이 주관하는 세미나에서 실무 과장 한 명이 한국의 환경 파괴는 포항제철이 반 이상 차지한다고 하면서, 선진국에서는 이미 제철소 같은 것은 직접 운영하지 않고 후진국으로 이전하고 있다고 말하였다. 포항제철도 그러한 산물이라 하였다. 김원식은 그 과

---

68 『환경학과 평화학』(토다 키요시, 녹색평론사, 2003)의 역자소개란

장과 오랫동안 대담했다.

한국의 환경운동은 1981년 12월 15일 한강성당에서 천주교계와 개신교계, 학계, 법조계, 농민운동계, 언론계 등의 인사들이 한국공해문제연구소(이사장 함세웅)를 설립하면서 시작되었다.[69] 하지만 당시의 환경운동은 본격적인 반체제운동으로서의 환경운동이 아닌 제도권 내에서의 공해추방운동 차원에서 전개되었다. 1982년에는 서울대 환경대학원 학생들이 환경 문제를 제기하였다. 이들은 박정희 정권하에서 이루어진 고도성장은 환경 파괴를 초래하였다는 문제의식을 가지고 발표문을 작성하였지만, 당국에 의해 몰수당하였다. 한국공해문제연구소는 연례회의에서 원자력발전소가 엄청난 공해를 수반하고 있다고 발표하였으며,

---

69 한국공해문제연구소 편, 『1982년도 사업보고』(성백결, 2008, 36쪽). 한국공해문제연구소는 1982년 1월 10일 설립취지문을 배포하였고, 4월 13일에는 한강성당에서 제1회 정기이사회를 개최하여 1982년도 사업계획안과 예산안을 통과시켰다. 제1회 정기이사회는 임시이사회가 개최된 1981년 12월 15일을 창립일로 보고 있다(성백결, 2008, 38쪽). 한국공해문제연구소 설립 당시의 이사진은 다음과 같다. [「한국공해문제연구소 설립취지문」(한국공해문제연구소, 1982)]

이사장: 함세웅

이사: 김승훈, 김택암(이상 가톨릭), 권호경, 조승혁, 조화순(이상 개신교), 유인호, 성내운, 김병걸(이상 교수), 이돈명, 한승헌, 홍성우(이상 법조인), 오재길, 이길재(이상 농민운동), 임채정(언론인)

1984년 5월에는 "더이상의 원전 건설을 중지하라. 현재 가동 건설 중인 원전의 안전진단을 실시 공개하라. 원전 건설을 둘러싸고 미국의 벡텔사와 한국 관리들 사이에 오갔다는 뇌물의 진상을 밝혀라" 등을 요구하는 내용의 성명서를 발표하였다.[70] 그리고 1984년 이후 미국에 가서 원자력발전 반대운동을 목격하고 온 사람들이 원자력발전에 대해 반대하기 시작했다. 이러한 과정을 거치며 환경운동은 점차 대중성을 확보해 나갔다.

1984년 12월에 환경 문제에 관심을 가지고 있는 인사들이 한국공해문제연구소에서 분화하여 반공해운동협의회를 결성하였다. 1986년 9월에는 주부와 여성 청년들을 중심으로 공해반대시민운동협의회(이하 공민협)가 한국공해문제연구소에서 분화되어 결성되었다. 반공해운동협의회는 1987년에 공해추방청년협의회(이하 공추협)로 개칭하고 대중조직으로 전환했다. 공추협과 공민협 등이 대중교육과 홍보 활동을 활발하게 전개하면서 환경운동의 대중성은 더욱 많이 확보되었다.

하지만 이들 단체로는 산더미처럼 발생하는 다양한 공해 문제와, 국제 정치가 깊숙이 관련되어 있는 한반도의 핵무기와 핵발전소 문제에 대응하기가 쉽지 않다는 판단하에, 1988년 9

---

70   손영호, 2019, 31쪽

월 10일 공추협과 공민협을 통합하여 공해추방운동연합(공동대표 서진옥, 이덕희, 최열 ; 이하 공추련)을 결성하였다. 공추련은 「창립선언문」에서 공해추방·반핵운동을 중심 목표로 내세우고, 독점재벌, 군사독재정권, 외세에 의해 발생한 공해 피해와, 한반도의 생존과 직결된 핵무기와 핵발전소로부터 평화·자주·민주·통일의 길로 나아가야 한다고 천명하였다.[71] 공추련이 결성되면서 환경운동은 변혁지향적 성격을 띠기 시작하였다.

공추련은 1988년에 "공해추방 반핵평화를 위한 배움마당"이라는 시민과 활동가 양성을 위한 교육프로그램을 진행하였다. 환경운동 단체들을 기웃거리면서 환경운동에 참가할 기회를 엿보던 김원식은 "공해추방 반핵평화를 위한 배움마당"에 참가하였다. 교육은 10월 25일부터 11월 20일까지 매주 화요일과 목요일 저녁에 총 8회에 걸쳐 진행되었다. 김원식은 이 교육에서 핵 문제에 대한 강의를 직접 맡기도 했다.[72] 교육생들은 거의가 젊은 청년들이었고, 노인은 김원식 혼자였다. 자연히 그에게 시선이 집중되었다. 60대 후반의 노인이 환경 교육을 받으러 온다는 것 자체가 신기할 수밖에 없었던 것이다.

---

71 이덕희, 2015, 55~56쪽
72 이덕희, 2015, 56~57쪽

거의 한 달에 걸친 교육이 끝나고 후속 과정으로 공해 현장을 답사하는 과정이 있었다. 의정부에 있는 제지 공장에 갔는데, 하천이 오염되어 지하 50m의 물도 공업용수로 사용할 수 없다는 말을 듣고 김원식은 커다란 충격을 받았다. 장부상으로는 정화시설을 가동하는 것으로 되어 있지만, 실제로는 가동하지 않고 그 비용을 비자금으로 축적한다는 얘기도 들었다. 이 외에도 여러 현장을 돌아다녔다. 한 달간의 현장학습이 끝난 후 합숙교육이 이어졌다. 김원식은 합숙교육에도 참가하였지만 잠은 집에 가서 잤다.

40여 일간의 교육이 끝난 뒤 마무리 토론 과정에서 석 달 후 심화 교육을 한다는 사실이 공지되었다. 그 교육 내용에는 공산주의와 관련된 것도 많았다. 공산주의에 대해 비판적 입장을 가지기 시작한 김원식으로서는 학습 내용이 영 마음에 들지 않아서 심화 교육에는 참가하지 않았다. 하지만 교육생들과는 관계를 계속 유지하면서 자신의 생각을 설파하였다. 교육생 중에는 인생 문제를 상담하는 사람도 있었고, 심지어 주례를 부탁하는 사람도 있었다.

환경운동 단체의 실정을 파악한 김원식은 활동에 나섰다. 공추련에 들어간 김원식은 교육을 통해 미국, 일본, 소련 등의 환경 파괴상을 알렸다. 소련이 얼마만큼 환경을 파괴하고 있는가를 서술한 일본어 책을 번역하여 돌려 읽었다. 원진레이온사건(피해자들이 1987년에 정부에 진정함으로써 그 참상이 세상에 알려진 이황화탄소 중독사건)과 관련해서 직접 현장에 나가 진상을 조사하기도 하였다. 연탄 공장 진폐 문제와 수은 공장 문제에도 관계하면서 연구를 하는 한편, 투쟁에도 참가했다.

공추련에서 고문으로 추대하겠다는 제의가 왔다. 김원식은 명의만 올려놓는 그런 직위는 싫다면서 현장에 나가서 발로 직접 뛰는 일을 하고 싶다는 의사를 밝혔다. 아무런 직함 없이 활동하되, 어느 회의든지 참가할 수 있는 권한을 달라고 요청하였다. 의결권은 필요 없다고 하였다. 이러한 김원식을 공추련 관계자들은 이상하게 보기 시작하였다.

1989년인가 1990년인가의 어느 날 노동운동을 하던 사람이 공추련을 찾아와서 같이 일을 하고 싶다고 했다. 그 사람은 80학번으로 졸업해서 대기업에 취직하여 노동조합을 결성하고, 노동운동을 하다가 감옥에까지 갔다 왔다고 하였다. 간부진에서는 그 사람에 대한 검열이 필요하며, 그 사람이 속해 있던 노동조합에 조회를 해보아야 한다고 주장하였다. 이에 김원식은 반대하였다. 같이 활동을 하려면 어떻게 일을 하는지를 보고 판단해야 하며, 안 믿으려 들면 한없이 불신할 수밖에 없다는 것이었다. 일을 시켜보니 사무 능력도 있고, 조직력도 뛰어나며 문장력도 있는 등 우수한 역량을 가지고 있었다. 그 사람은 조직부 차장에 배치가 되었는데, 부장은 대학교 2년 후배였는데 사무처리 능력이 차장보다 떨어졌다.

김원식은 실무 역량이 뛰어난 사람이 부장이 되지 않은 것에 대해 비판적 의견을 개진하는 등 공추련 조직 운영에 대해 문제를 제기하였다. 그리고 일상생활에서도 공추련 관계자들과 많이 부딪혔다. 거기다가 나이가 많은 사람이 온갖 잡일을 손수 하니 간부진들은 김원식을 상당히 부담스러워했다. 김원식은 어느 총평가회에서 발언 기회가 주어지자, 약속 시간을 잘 지키지 않는 것에 대해 문제제기를 하였다. 그 결과 약속 시간에 늦으면 늦는 것 만큼 벌과금을 내기로 결정을 하였지만, 여전히 시간은 잘 지켜지지 않았다. 거기다가 자기비판마저 형식적인 것에 그쳤다. 이에 김원식의 실망은 커져 갔다.

1991년 3월 낙동강 페놀 오염사건이 터졌다. 공추련 조직부 차장이 중심이 되어 페놀오염 규탄대회를 개최하고, OB맥주 불매운동을 전개했다. 김원식도 페놀오염 규탄집회에 적극적으로 참가했다. 두산그룹 측으로부터 보상금 지급을 약속받는 등 일정한 성과를 이루었으나, 불미스러운 일도 있었다. 페놀오염사건 1주기를 맞아 집회를 개최하자고 하였으나, 공추련 간부진에서 소극적으로 나왔다. 이에 조직부 차장이 반발하자, 공추련은 조직부 차장과 그에 동조한 사람들을 제명하였다.

김원식은 60세가 넘어 공해와 환경 문제에 관심을 두고 반원자력발전 관련 문헌을 중심으로 공부를 하기 시작하였는데, 거기에는 다카기 진자부로高木仁三郎의 영향이 결정적으로 작용하였다.[73] 김원식은 1988년에 다카기 진자부로를 만났다. 그때 다카기 진자부로가 지은 책들을 받았는데, 1983년 일본 아사히朝日신문사가 "인류의 미래는 어떻게 될 것인가? 우리는 지금 뭘 해야 하는가"에 대한 의견을 앙케이트 형식으로 전국의 지성인들로부터 수집하여 발표한 글도 포함되어 있었다. 여기에는 다카기 진자부로의 글도 있었는데, 그 내용은 지금 인류가 타고 있는 배가 나이아가라폭포 1킬로미터 앞에 있지만 구해줄 사람이 없다는 것이며, 이 위기를 벗어나기 위해서는 배를 타고 있는 사람들이 상의해서 함께 노력해야 하고, 설사 폭포로 떨어진다고 하더라도 마지막까지 노력해야 한다는 내용이었다. 김원식은 이 글을 읽고 커다란 감동을 받았다. 김원식은 자본이 인류를 멸망의 구렁텅이로 몰아넣고 있다고 주장한 히로세 다카시広瀬隆의 책도 읽었다.

박정희 정권은 1970년대에 들어 에너지 문제를 해결하기 위하여 원자력발전소를 건설하기 시작하였다. 1971년 11월 15일 부산 고리에 원자로 건물 착공에 들어가 1978년 4월 29일에 고리 원자력발전소 1호기를 가동한 데 이어, 1976년 1월에 월성 원자력발전소 건설에 착수하였다. 1977년 3월 1일과 1979년 10월 1

---

73   김원식, 2000(다카기 진자부로(김원식 역), 2000, 183쪽)

일에는 고리 원자력발전소 2호기와 3호기 건설에 각각 착수하였다. 전두환 정권이 들어서면서 원자력발전소 건설이 대대적으로 행해졌다. 1980년 4월 1일에 고리 원자력발전소 4호기 건설 착공에 나선 데 이어, 1983년 4월에 월성 원자력발전소 1호기를 준공하였다. 1983년 7월 25일과 1985년 9월 30일에는 고리 원자력발전소 2호기와 3호기를 각각 준공하였으며, 1986년 4월 29일에 고리 원자력발전소 4호기를 준공하였다. 전남 영광에도 원자력발전소를 건립하였다. 1986년 8월과 1987년 6월에 영광 원자력발전소 1호기와 2호기를 각각 준공하였다. 노태우 정권에서도 원자력발전소 건설은 이어졌다. 울진 원자력발전소 1호기와 2호기가 1988년 9월과 1989년 9월에 각각 상업운전을 시작하였다.

원자력발전소가 대대적으로 건설되자 이에 대한 우려가 제기되었다. 특히 소련 체르노빌 원자력발전소 사고는 커다란 충격을 주었다. 1986년 4월 26일 체르노빌원자력발전소 4호기 원자로가 폭발하면서 방사능이 누출되었는데, 이 사고로 인해 4000여 명이 암으로 사망한 것으로 추정되기도 하였다. 체르노빌 원자력발전소 사고는 원자력발전소에 대한 우려와 공포를 확산시켰다. 원자력발전소 근처 주민들의 생존권투쟁과 핵폐기물 처분장 건설 반대투쟁, 원자력발전소 건설 반대투쟁 등이 전개되기 시작했다. 전국 곳곳에서 벌어진 핵발전소 건설 반대투쟁과 핵폐기물 처분장 설치 반대투쟁 및 반핵 집회 현장에는 김원식이 있었다.[74]

한국의 반핵운동은 1980년대 초중반에는 전문 환경운동단체의 선전활동을 중심으로 전개되었다. 하지만 1980년대 후반에 원자력발전소 인근 주민들의 피해보상투쟁이 전개되면서 대중운동으로 나아갔다. 대중적 반핵운동은 1987년 전남 영광 주민들의 어업피해 보상투쟁에서 시작되었다고 할 수 있다. 이 투쟁은 원자력발전소 문제에 집단적으로 대응한 최초의 사건이었다. 이에 이어 상하리 주민의 상권지키기투쟁, 영광군 홍농읍 성산리 주민의 빈방 피해보상과 이주대책 수립 요구투쟁, 고창군 어민의 어업피해 보상투쟁, 양산시 상북면 상삼마을의 피해보상투쟁 등이 전개되었다. 1988년 10월에 고리 원자력발전소에 10년간 근무한 박신우가 임파선암으로 사망하는 사건이 발생하면서, 방사능 피해에 대한 진상규명투쟁도 전개되었다. 이에 이어 월성 원자력발전소의 중수 누출사건, 고리 핵폐기물 불법매립 사건, 양산의 핵폐기물 불법매립 사건 등이 연달아 발생하면서 이를 규탄하는 투쟁이 전개되었다.[75]

1987년부터 영광, 고리, 월성 등 원자력발전소 근처 주민들의 생존권투쟁이 전개되는 가운데 1988년 12월 14일 공추련을

---

74 이덕희, 2015, 57쪽
75 김혜정, 1995, 35쪽 ; 손영호, 2019, 35쪽 등을 종합

비롯한 환경·보건의료 단체들이 지역주민들과 연대하여 서울에서 '핵발전소 반대 평화 시민대회'를 개최하였다. 시민대회는 핵발전소 결사 반대 등을 주장하며[76] 핵발전소 문제를 공론화하였다. 이어 핵폐기물 처분장 건설 반대투쟁과 원자력발전소 건설 반대투쟁이 전개되기 시작하였다.

정부는 1988년 초에 핵폐기물 영구 처분장 건설의 최종 후보지로 경북 영덕군 남정면과 영일군 송라면, 울진군 기성면 등을 선정해놓고도 이 사실을 숨긴 채 12월부터 3개 지역에 대한 정밀 부지조사에 들어갔다. 한국에너지연구소에 의해 핵폐기물 영구 처분장 건설의 최종 후보지로 영덕, 영일, 울진 등 3개 지역이 선정된 사실이 1989년 2월 23일 임시국회 대정부질의 과정에서 밝혀졌다. 이에 후보지 1순위로 지정된 영덕군 주민들이 들고 일어났다. 남정면이 핵폐기장 후보지로 선정되었다는 소식을 접한 다음 날인 2월 28일 애향단체 영근회 산하에 '핵폐기물 처리장 설치 결사반대 대책위원회'가 꾸려졌다. 이어 3월 7일과 11일에 '남정면 핵폐기장 설치 반대위원회'와 '영덕군 핵폐기물 처분장 대책 추진위원회'가 각각 결성되었다. 3월 12일 '남정면 핵폐기장 설치 반대위원회'의 주최

---

76   손영호, 2019, 42~43쪽

로 남정면에서 3000여 명이 참가한 가운데 대규모 궐기대회를 개최한 뒤, 포항-울진 간 국도를 점거하여 농성하였다. 3월 19일에는 영근회의 주최로 군 단위의 반대집회를 개최하였다. 이후에도 영덕군민들은 핵폐기물 처분장 설치 반대투쟁을 꾸준히 전개하였다.[77] 영덕군민들이 끈질기게 핵폐기장 건설 반대투쟁을 전개한 결과, 정부는 다른 후보지를 물색할 수밖에 없었다.

동해안에 핵폐기장을 건설한다는 계획이 영덕군민들의 반대로 좌절되자, 과학기술처는 1990년 11월 2일 충남 안면도 고남면 일대에 핵폐기물 처분장을 건설한다는 계획을 수립하였다. 이 사실이 11월 3일 언론을 통해 알려지자, 안면도 주민들은 11월 5일 '안면도 핵폐기장 건설 결사반대 투쟁위원회'를 구성하여 반대투쟁을 전개했다. 11월 8일 안면도 주민 1만 7000명 중 1만5000명이 핵폐기물 처분장 건설에 반대하는 대규모 집회에 참가하였다. 공추련은 '안면도 핵폐기물 처리장 건설 반대투쟁 지원 공동대책위원회'를 결성하여 지역주민들의 반대투쟁을 적극 지원하였다. 원자력위원회는 1991년 6월 7일 안면도에 제2원자력연구소를 건설한다는 방침을 공식 철회함

---

77 『한겨레』 1989년 3월 25일자; 손영호, 2019, 21·23·76·81~83·98~99쪽 등을 종합

으로써 안면도를 핵폐기장 건설후보지에서 제외하였다.

하지만 주민 중 일부가 유치 신청을 하면서 국면이 달라졌다. 주민들은 '안면도 핵폐기장 건설 결사반대 투쟁위원회'를 재구성하고 다시 투쟁에 나섰다. 전재진 등 안면도 주민 대표 9명과 보조대원 4명은 1991년 12월 6일 천안역 광장에서 '핵폐기장 설치 재추진 반대 반핵행진'을 시작하였다. 이 행진은 천안-온양-삽교호-당진-서산-안면도-고남면을 잇는, 157km에 걸친 대행군이었다. 행진대열은 점차 불어났으며, 12월 9일 도착지인 고남면에 들어서자 주민 300여 명이 동참하였다.

핵폐기장 건설이 주민들의 반발에 부딪혀 번번이 실패하자, 정부는 후보지선정 방식을 달리하였다. 대학의 연구기관에 용역을 주어 후보지를 선정하고자 하였다. 과학기술처는 1991년 12월 27일 서울대 '인구 및 발전 문제연구소' 용역조사 결과를 토대로 고성, 양양, 울진, 영일, 장흥, 안면도 6곳을 핵폐기장 후보지로 선정·발표하였다. 이에 후보지 6곳의 주민들은 핵폐기장 건설 반대투쟁에 나섰다.

핵폐기장 건설 후보지에 영일군 청하면이 포함되었다는 정보를 미리 입수한 주민들은 1991년 12월 27일 포항-울진 간 국도를 점거하고 핵폐기물 처리장 설치 반대시위를 벌인 데 이어, 30여 차례의 항의시위를 전개하였다. 핵폐기장 건설에 반대하는 내용의 진정서도 작성하였는데, 이 진정서에는 주민

90% 이상이 서명하였다.[78] 이후 포항과 흥해 등지에서 핵폐기장 설치 반대 대책위원회를 결성하고 결의대회, 접거·농성, 국도 점거 등의 투쟁을 계속하였다.[79]

안면도 주민들도 핵폐기장 건설 반대투쟁에 다시 나섰다. 1991년 12월 27일 과학기술부가 발표한 핵폐기장건설 후보지에 안면도가 포함되자 안면도 주민들은 12월 31일 1500여 명이 참가한 가운데 '핵폐기장 반대 궐기대회'를 개최하였다. 1992년 1월 7일에는 '핵폐기장 반대 안면도민 결의대회'가 1만여 명이 참가한 가운데 개최되었다. 주민들과 환경단체들의 반대투쟁은 1993년 1월 18일 주민 중심으로 꾸려졌던 '핵폐기장 유치 추진위원회' 위원 중 일부가 정부로부터 돈을 받았다고 양심선언을 하면서 더욱 격렬하게 전개되었다. 그 결과 1993년 3월 과학기술처 장관은 안면도에 핵폐기장을 건설한다는 계획을 백지화한다고 발표하였다.[80]

장흥에서는 1991년 12월 31일 1000여 명이 참가한 가운데

---

78 『경향신문』 1991년 12월 28일자 ; 김창욱, 1993, 22쪽 등을 종합
79 "6개 후보지역 핵폐기장 반대투쟁 주요 일지"
80 전재진, 1993, 18~20쪽 ; 『조선일보』 1991년 6월 9일자 ; "안면도 핵 쓰레기장 설치 재시도 반대 반핵대행진" ; "6개 후보지역 핵폐기장 반대투쟁 주요 일지" 등을 종합

'장흥 핵폐기장 반대 결의대회'가 개최되었다. 1992년 1월 7일에는 3000여 명의 장흥군 주민들이 장흥읍에서 원자력발전소와 핵폐기장 건설에 반대하는 집회를 개최하고, 순천-목포 간 국도를 점거하는 과정에서 경찰과 충돌하는 등 격렬한 시위를 벌였다.[81] 울진에서는 1991년 12월 27일부터 1992년 1월 하순까지 무려 10여 차례의 집회와 시위를 전개하였다. 고성과 양양에서도 핵폐기장 건설에 반대하는 집회와 시위, 항의농성, 국도 점거 등의 투쟁을 전개하였다.[82] 주민들의 격렬한 반대에 부딪힌 정부는 결국 '핵폐기장 최종 후보지 연내 확정' 방침을 실현하지 못하였다.

원자력발전소 건설 반대투쟁은 영광에서 먼저 일어났다. 1988년 11월 2일 영광 원자력발전소 3·4호기 건설사무소가 발족되었다. 영광 원자력발전소 3·4호기는 국내 기술진이 건설을 주도하는 최초의 한국형 원전으로, 국제적으로 인정을 받지 못하고 가동 경험도 없는 노형爐型을 사용할 예정이어서 안전성을 놓고 갑론을박이 벌어졌다.[83] 이에 영광 원자력발전소 3·4

---

81 『한겨레』 1991년 12월 28일·1994년 6월 3일·12월 10일자; "6개 후보지역 핵폐기장 반대투쟁 주요 일지" 등을 종합
82 "핵폐기장 후보지 선정 및 핵발전소 건설 반대투쟁의 성과와 한계"
83 『경향신문』 1989년 5월 3일자

호기 건설 반대투쟁이 전개되었다. 1989년 2월에 영광핵발전소추방운동연합이 창립된[84] 데 이어, 3월 18일에는 원자력발전소 건설을 반대하는 주민 조직과 공해 단체 대표 20여 명이 대전에서 연석회의를 개최하여 영광 원자력발전소 3·4호기 건설 저지와 핵폐기물 영구 처분장 설치 반대 등을 효과적으로 전개하기 위하여 전국 차원의 연대기구를 설립하기로 결정하였다.[85] 이 결정에 따라 4월 15일 공추련 등 20개의 환경운동단체들이 '전국 핵발전소 추방운동본부'를 결성하였다. '전국 핵발전소 추방운동본부'는 영광 원자력발전소 3·4호기 건설과 핵폐기물 처분장 건설을 저지하기 위한 투쟁을 전개하고, 인근 지역 주민의 생존권투쟁을 지원하였다.

공추련은 1989년 3월 28일[86] YWCA 대강당에서 시민과 학생 500여 명이 참가한 가운데 '반핵평화 시민대회'를 개최하였다. 이 대회는 핵발전소 건설계획 취소, 한반도에 배치된 핵무기

---

84 김혜정, 1995
85 『한겨레』 1989년 3월 25일자
86 1989년 3월 28일은 체르노빌 원자력발전소 사고(1986년 4월 26일), 후쿠시마 원자력발전소 사고(2011년 3월 11일)와 함께 세계 3대 핵발전소 사고 중 하나인 스리마일섬 원자력발전소 사고 발생 10주년이 되는 날이다.

철수 등 4개 항을 요구하고, 영광 원자력발전소 3·4호기 건설 저지투쟁을 전개하기로 결의하였다.[87] 4월 29일 '핵발전소 반대 평화시민대회'가 개최된 데 이어 9월 20일에는 50개 단체가 참가한 가운데 영광 원자력발전소 3·4호기 건설 반대 100만 인 서명운동이 전국적으로 전개되었다.[88] 원자력발전소 건설 반대투쟁은 원자력발전소 건설계획 자체를 폐기시키지는 못하였지만, 미비점을 보완하여 3호기를 1995년 3월에 완공하는 것으로 건설사업계획을 변경시키는 등 약간의 성과를 이루어냈다.[89]

원자력발전소 건설 반대투쟁은 전남, 울진, 고성 등지에서도 전개되었다. 1989년 4월 핵발전소 50기 추가 건설계획에 따른 건설후보 지역이 알려지면서 신안, 여천, 고흥, 장흥, 해남, 보성 등 전남 지역의 후보지를 중심으로 한 핵발전소 건

---

87 『한겨레』 1989년 3월 29일자;『동아일보』 1989년 3월 29일자 등을 종합
88 성백결, 2008, 123~124쪽
89 영광 원자력발전소 3호기 건설은 1979년 9월 장기 원전개발계획에 포함되어 있었는데, 1989년 3월에 완공하는 것으로 계획을 세우고, 1987년 5월에 건설사업에 착수하였으나, 환경운동단체들의 반발로 계획을 변경하여 1989년 12월 21일에 정부로부터 건설 허가를 받았다. 1994년 9월 15일에는 환경운동연합, 경제정의실천시민연합, 한국YMCA전국연맹 등은 한국전력공사, 원자력안전기술원, 영광원전사업본부 등 3호기 건설시공사 측과 함께 영광원전 3호기 안전성에 관한 공개토론회를 개최하였다.

설 반대투쟁이 각 지역별로 활발하게 전개되었다. 이들 지역은 1989년 11월 지역적 유대감을 토대로 서로 연대하여 '전남지역 핵발전소 30기 건설계획 철폐 공동추진위원회'를 구성하여 공동으로 대응하였다.[90]

원자력발전소 추가 건설계획에는 1992년부터 울진에 원자력발전소 3·4호기를 건설한다는 것도 포함되어 있었다. 이에 울진청년회의소JC와 후포청년회의소JC 등 사회단체들이 모임을 갖고 원자력발전소 건설 반대 취지와 운동전개 방향을 담은 협조공문을 기관과 단체에 발송하고 동참을 호소하였다. 1991년 6월 29일 울진군 근남면 주민들이 '원전 건립 반대 추진위원회' 발대식을 개최하였으며, 7월 16일에는 후포읍 주민들이 '원전 설치 결사반대 추진위원회'를 구성하여 원자력발전소 건설 반대투쟁을 전개하였다. 울진JC는 7월 18일 '원전 건립 반대 추진위원회'를 구성하여 10만 명 서명운동을 벌였다. 8월 17일에는 울진군청 앞 광장에서 3000여 명이 집결하여 국도를 4시간씩이나 점거하는 등 격렬한 시위를 벌였다.

원자력발전소 추가 건설이 원자력발전소 건립 후보지로 내정된 9개 지역 주민들의 반대로 진척을 보이지 못하자, 정부는

---

90 이득연, 1993, 6쪽; 김범태, 1993, 26쪽 등을 종합

1991년 7월 10일에 강원도 고성군 현내면 명파리를 원자력발전소 건설지로 내정하는 원자력발전소 건설계획을 수립·발표하였다. 이 지역 주민들은 7월 19일 '원전 설치 반대 현내면 추진위원회'를 발족하였다. 주민들은 어선과 차량 시위, 인간사슬 형성, 자녀의 등교 거부, 정부 행정 비협조 등 다양한 투쟁방법을 구사하여 반대할 것이라고 밝혔다.[91]

영광 원자력발전소 3·4호기 건설 반대투쟁을 마무리한 공추련은 1989년 12월 13일 자축하는 집회를 개최하였다. 김원식은 환경운동의 국제 연대를 추진한다는 취지에서 집회 개최를 일본 환경운동 단체에 알렸다. 일본으로부터 다섯 개의 단체가 축하하는 격려문을 보내 왔다. 김원식은 일본에서 온 격려문을 번역·정리하여 사회자에게 넘겨주었지만, 사회자는 반일을 내세워 이를 묵살하고 낭독하지 않았다. 사회자는 원자력발전 반대투쟁과는 무관한 사람으로 간부진과의 친분관계로 사회를 맡았던 사람이었다. 김원식은 한국을 침략한 것은 일본의 지배계급이지 민중은 아니며, 일본 민중은 연대해야 할 대상이지 배척해야 할 대상은 아니라는 것을 역설하였으나 받아들여지지 않았다. 그리

---

91 『반핵자료정보실통신』 창간준비호(1991. 8. 24), 반핵자료정보실 ; 김혜정, 1995 등을 종합

고 초청 연사의 연설도 쇼비니즘적 내용으로 일관하였다. 김원식이 보기에 환경운동을 비롯한 시민운동 단체에는 문제가 많았다. 쇼비니즘과 권위주의가 가득하였으며, 조직문화도 위계적이었다. 거기에다가 조직도 상당히 비민주적으로 운영되었다.

김원식은 일본에서 원자력발전 반대와 관련한 자료들을 수집하고 있었는데, 일본에서 가져온 원자력발전소 건설 반대투쟁 관련 비디오 6개를 한국의 실정에 맞게 1개로 편집하는 작업을 추진하였다. 비디오를 보면서 녹취를 하였는데, 김원식이 그것을 거의 동시통역을 하면서 편집을 하였다. 잠도 자지 않고 작업을 했으나, 시간을 맞추기가 어려울 것 같았다. 해서 김원식 집에서 선풍기를 틀어놓고 작업을 해서 노트 2권 분량으로 편집을 끝냈다. 비디오테이프 제작을 방송국에 맡겼으나, 작업 결과는 엉망이었다. 방송국 관계자가 적당히 하라고 지시한 결과였지만, 어느 누구도 책임을 지려고 하지 않았다. 김원식은 여러 사람이 공들여 만들어 놓은 것이 어느 한 명의 지시에 의해 엉망이 되는 것을 보고 민주주의가 시행되려면 아직 요원하다는 것을 느꼈다.

김원식은 반핵운동을 하는 과정에서 핵 문제를 다루는 전문기관의 필요성을 절감하고 1991년 1월에 반핵자료정보실을 개설하였다. 이는 1975년 가을에 다카기 진자부로가 중심이 되어 설립한 일본의 원자력자료정보실을 본뜬 것이었다. 반핵자료정보실은 자신의 정체성을 우리 민족 나아가 전 인류의 생존을 위협하는 원자력발전소, 핵무기 그리고 핵폐기물을 추방하고자 하는 반핵평화운동에서 요구되는 각종 자료와 정보를 수집·분석하여 활동가들에게 제공하는 곳으로 설정하였다. 그리고 핵 추진 세력의 왜곡된 홍보로 은폐되고 있는 진실을 밝혀내어 반핵의 정당성과 필요성을 널리 알리고, 국내외에 걸친 반원전·반핵무기 투쟁의 경험과 소식 및 이론을 소개함으로써 반핵운동 발전의 밑거름이 되고자 하였다. 아울러 반핵의 한 목소리로 국제적인 연대·협력에도 노력하겠다고 밝혔다.[92] 반핵자료정보실은 『반핵자료정보실통신』에 게재한 "하루 버스 토큰 1개 값으로 우리 민족과 인류를 구하는 반핵운동에 함께 할 수 있습니다"라는 내용의 회비 안내문에서 볼 수 있는 바와 같이 일체의 기업이나 이해단체의 지원을 받지 않고 시민의 힘으로 꾸려가고자 했다. 반핵자료정보실의 사무실은 처음에는 김원식의 자택에 마련하였으나, 1993년 반핵 소책자 4호를 발행할 무렵에 종로구 평동 157 희락빌딩으로 옮겼다.[93]

---

92 「창간의 글」
93 『핵과 인간-반핵 소책자 4호』(반핵자료정보실, 1993. 6. 15)에는 반핵자료정보실의 주소가 수기로 김원식의 자택이 있던 역촌동에서 평동 희락빌딩으로 수정되어 있다.

반핵자료정보실은 1991년 8월 24일 김원식, 성낙준, 김성신, 김희정 등을 편집위원으로 하여 『반핵자료정보실통신』 창간준비호를 발행한 데 이어 12월 20일에 창간호를 발행하였다. 월간으로 발행할 것이라고 여러 차례 밝혔지만, 사정이 여의치 않아 격월간으로 발행되었다. 창간준비호는 일본 반원전운동의 동향을 소개하고, 국내의 원자력발전소 건설 반대투쟁 관련 소식을 전하였다. 「창간의 글」에서 국내외의 반핵운동 소식, 핵 추진 세력의 왜곡된 주장에 대한 비판 등을 다룰 것이며, 이울러 핵 없는 사회의 에너지 대안에 대한 정책과 실천 방법을 탐구한 내용과 반핵운동 상식, 반핵운동의 방침에 대한 제언 등을 게재할 것이라 밝혔다.[94]

그리고 반핵 소책자와 환경운동자료집도 발행하였는데, 1991년 8월까지 소책자 1호 『어둠 속에서 죽어가는 피폭 노동자』와 2호 『안돼요!! 원자력발전소는』을 발간하였고,[95] 소책자 3호 『죽음을 몰고오는 핵 쓰레기』는 1991년 11월 8일에, 4호 『핵과 인간』은 1993년 6월 15일에 발간하였다. 환경운동자료집으로는 1993년 11월 20일에 『아시아 각국에 핵발전소를 수출하려

94　「창간의 글」
95　『반핵자료정보실통신』 창간준비2호(1991. 9. 4), 반핵자료정보실

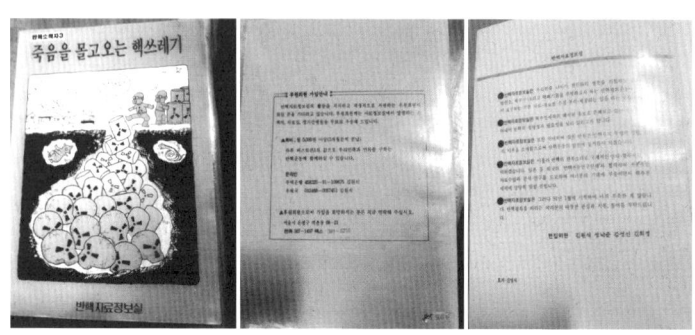

반핵자료정보실 반핵 소책자 3호 『죽음을 몰고오는 핵쓰레기』 표지, 뒤표지, 소개 글

는 일본의 계획과 아시아 민중의 반핵운동』(환경운동자료 93-1)을 발간한 것이 확인된다. 『죽음을 몰고 오는 핵 쓰레기』에는 핵연료 싸이클과 방사능, 고준위 핵폐기물 등에 대한 설명과 저준위 핵폐기물에 대한 집중분석이 게재되어 있다. 여기에 실린 글들은 1991년에 출판된 다카기 진자부로의 『핵 연료 싸이클 비판-어느 곳에도 핵 쓰레기장을 만들 수 없다』를 참고로 하여 작성되었다. 『핵과 인간』에는 다카기 진자부로가 1992년 5월 24일 도쿄 예린교회 특별집회에서 한 강연 "생명의 자리에서 원자력발전소를 생각한다"가 번역·게재되었다. 『아시아 각국에 핵발전소를 수출하려는 일본의 계획과 아시아 민중의 반핵운동』은 반핵아시아포럼 일본실행위원회 공동대표인 미야지마 노부오의 논문을 참고하여 김원식이 작성한 것으로 보이는데, 아시아

각국에 대한 일본의 핵발전소 추진계획과 이에 대항하는 아시아 민중의 반핵운동 사례를 소개하고 있다.[96]

『반핵자료정보실통신』 편집위원들은 1991년 11월 20일부터 12월 6일까지 안면도, 부산, 광주, 고창 등 4개 지역을 순회하며 강연회와 간담회를 개최하고, 현장답사를 하였다. 11월 20일 주민 50여 명이 참가한 가운데 개최된 안면도 고남면투쟁위원회 초청 간담회에서는 김원식이 강의를 하였다. 12월 3일에는 '부산 공해추방 시민운동협의회'가 진행하는 배움마당에서 김원식이 강연을 하였는데, 약 30명이 참가하였다. 12월 5일에는 광주환경공해연구회 사무실에서 간담회가 개최되었는데, 일본에서 열렸던 국제플루토늄회의에 대한 보고가 중점적으로 이루어졌다. 12월 6일에는 고창군반핵투쟁위원회의 초청으로 전북 고창군 상하면 면사무소 회의실에서 강연을 하였다. 강연회가 끝난 후 영광 원자력발전소 배수구 주변 바닷가와 문제시되었던 상하면 용정리 소재 한국전력공사 소유 임야 25만

---

96 『죽음을 몰고오는 핵 쓰레기-반핵 소책자 3호』(반핵자료정보실, 1991. 11. 8);『핵과 인간-반핵 소책자 4호』(반핵자료정보실, 1993. 6. 15);『아시아 각국에 핵발전소를 수출하려는 일본의 계획과 아시아 민중의 반핵운동』(환경운동자료 93-1, 1993. 11. 20), 반핵자료정보실;이덕희, 2015, 57쪽 등을 종합

평 등을 둘러보았다.[97]

반핵자료정보실은 국내외 환경운동 단체들과의 연대활동을 적극적으로 전개했다. 1992년 3월 10일부터 12일까지 2박 3일간 대전 가톨릭농민회관에서 '핵폐기장 6개 후보지역 청년활동가 수련회'가 개최되었다. 20여 명이 참가한 이 수련회에는 6개 지역 청년활동가(고성은 참가하지 못함) 이외에도 공추련, 반핵자료정보실, 반핵평화운동연합 등이 참가하였다. 반핵자료정보실에서는 김원식, 성낙준, 김정경 등이 참가하였다. 이 수련회에서 반핵자료정보실 주간 김원식은 "핵발전소, 핵폐기장 반대"를 주제로 강의하였다.[98] 그리고 반핵자료정보실은 '새로운 평화운동 대중단체 준비위원회'와 함께 일본 반핵운동가 히로세 다카시를 초청하여 강연회를 개최하였다. 히로세 다카시는 1993년 8월 20일에 방한하여 "군사 대국 일본과 핵산업"을 주제로 21일과 23일에 종로성당과 전북 고창에서 각각 강연하였다.[99] 안병화 전 한국전력공사 사장의 뇌물수수와 부실공사에 대한 우려가 제기되고, 영광 3호기에 원자로를 공급한

---

97 "반핵자료실, 지역 순회 주민간담회·강연 다녀오다"
98 "핵폐기장 6개 후보지역 청년활동가 모임 구성"
99 『경향신문』 1993년 8월 22일자

웨스팅하우스사가 제조한 핵연료에 문제가 있음이 밝혀졌음에도 원자력위원회가 1994년 9월 9일 영광 3호기 가동을 허가하자, 반핵자료정보실은 9월 10일 환경운동연합, 배달녹색연합, 교회환경연구소, 반핵아시아포럼 등과 함께 영광 3호기 가동 허가를 백지화하고 관련된 모든 정보를 공개할 것을 요구하는 내용의 성명서를 발표하였다.[100]

반핵자료정보실은 반핵운동 연대기구 결성에도 적극적으로 나섰다. 반핵자료정보실은 1994년 2월 4일 교회환경연구소, 푸른 한반도 되찾기 시민의 모임, 핵발전소 주변 주민단체 등과 함께 대전 배달녹색연합 강당에서 "핵 없는 통일조국 건설" 등을 구호로 내걸고 한국반핵운동연락협의회를 결성하였다.[101] 과학기술처가 1994년 4월 11일 '방사성 폐기물 관리사업의 촉진 및 시설 주변 지역의 지원에 관한 법률' 시행령(안)과 시행규칙(안)을 입법예고하고 6월부터 시행한다고 발표하자, 한국반핵운동연락협의회는 5월 2일 과학기술처에 시행령의 부당성을 지적하는 내용의 질의서를 보냈다.[102]

---

100 「짜깁기 핵발전소 영광 3호기 가동 허가를 백지화 하라」
101 『한겨레』 1994년 2월 2일자
102 『한겨레』 1994년 5월 7일자

1994년 11월 8일에는 대전에서 환경운동연합, 배달녹색연합, 영일·월성·영광·고창·장흥·고흥 등 핵발전소·핵폐기장 반대 지역주민대책위원회와 함께 전국적인 반핵연대기구 건설을 위한 모임을 가지고, '핵 없는 사회를 위한 전국반핵운동본부 준비위원회'를 결성하였다. '핵 없는 사회를 위한 전국반핵운동본부 준비위원회'는 지역의 풀뿌리 반핵 주민 조직과 전문 반핵·환경단체 간의 연대망을 구축하여 현장성과 전문성을 강화하는 한편, 지역수호운동 차원의 반핵운동을 뛰어넘어 정부 에너지정책 자체를 전환할 것을 촉구하는 공세적인 반핵운동을 전개하는 것이 필요하다는 데 인식을 같이하고, 강력한 연대활동을 해나가기로 결의하였다.[103]

　반핵자료정보실에는 상당한 양의 반핵 관련 자료가 있었다. 하지만 나중에 반핵자료정보실이 흐지부지되면서 반핵 관련 자료들은 김원식 명의의 노원구 중계동 임대아파트로 옮겨졌다가, 2004년 11월 말 그 아파트에 거주하던 윤종호가 지역으로 내려가게 됨에 따라 아파트를 정리하면서 에너지정의행동의 사무실로 옮겨졌다.[104]

103　"'핵 없는 사회를 위한 전국반핵운동본부' 준비위 결성 보도 의뢰"
104　이헌석, 2015, 75쪽

김원식은 1988년 무렵부터 피지배자 인터내셔널을 결성할 것을 주창하였다. 민중 해방을 위해서는 국경을 넘어선 세계 인민들의 연대가 필요하다는 것이다. 세계무역기구WTO 같은 자본주의 국가들의 연대에 대항해 민중들의 연대 즉 국가제도에 기초한 국제國際가 아닌 개인들이 주체가 되는 민제民際를 실천하고자 노력했다.[105] 공추련의 반핵운동에 직접 참가하면서 일본 반핵운동단체와의 연대를 추진하기 위해 일본을 수시로 드나들었다. 반핵 한·일연대는 1987년 서진옥과 다카기 진자부로가 서로 제안함으로써 본격화되었다.[106] 김원식은 한·일연대를 위해 공추련이 1989년 10월 5일에 일본의 반핵 인사 다카기 진자부로를 초청하여 한국교회100주년기념관에서 반핵 강연회를 개최할 수 있도록 주선하였다.[107] 1990년 4월 25일에는 국내 반핵단체 회원들이 일본 원자력자료정보실의 오쿠마 등 일본 반핵운동가 5명을 초청하여 명동 전진상교육관에

---

105 조약골, 2015, 84~85쪽
106 "핵발전소에 한·일 국경은 없다!"
107 『한겨레』 1989년 10월 3일자;『조선일보』 1989년 10월 4일자;다카기 구니코, 2015, 105쪽;김원식, 2000(다카기진자부로(김원식 역), 2000, 184쪽) 등을 종합

서 간담회를 개최하였다. 이 간담회에서는 세계 반원전운동의 현황, 원자력발전소 11·12호기의 안전성 문제, 한일 연대운동의 방향 등에 관해 의견을 나누었다.[108] 1991년에는 사이도 마사노리道祖土正則 등 일본인들을 안내하여 부산, 고리, 울진, 안면도, 서울의 반원전 교류 여행을 하였다.[109] 이외에도 히로세 다카시 등을 초청하여 강연회를 열었다. 이들 강연회에서는 김원식이 통역과 해설을 맡았다.[110]

1992년에는 김원식이 주간으로 있던 반핵자료정보실이 6월 11일부터 15일까지 일본의 '탈핵발전소 액션그룹 후쿠오카福岡' 회원 5명을 국내에 초청하였다. 이들이 국내에 머무는 동안 김원식이 통역을 맡았다. 6월 11일 고리 핵발전소 주민이주대책위원회 장석수, 부산의 환경활동가 박영숙, 반핵자료정보실 김원식 등은 이들을 안내하여 고리를 방문하였다. 이들은 핵발전소 내부를 둘러보고 방사선을 측정하였다. 12일과 13일에는 울진과 안면도를 방문하여 지역의 반핵활동가 및 주민들과 간담회를 가졌다. 14일에는 서울에서 반핵활동가와의 교류

---

108 『한겨레』 1990년 4월 26일자
109 사이도 마사노리, 2015, 119쪽
110 이덕희, 2015, 57쪽

모임에 참가하였다. 한·일 양국의 지역 주민들이 주축이 된 이번 방한 활동은 한국과 일본 주민 간 반핵 연대의 기초를 다지는 데 일조를 하였다.[111]

반핵자료정보실은 1994년 활동의 중점을 국내 반핵 지역주민운동 지원과 반핵아시아포럼 2차 대회 추진에 두고, 상반기에 영광 3·4호기 사고 위험성 분석보고서 작성과 영광 주민투쟁 지원을 위해 영광 현지를 오가며 홍보 슬라이드를 제작하고 집회에 참석하는 등의 활동을 전개하였다. 4~5월에는 경남 양산의 핵폐기장 후보지 선정 저지투쟁에 대한 측면 지원과 자료정보 지원 등을 수행하였다. 6월에는 반핵아시아포럼 한국위원회 결성 준비를 위해 김원식의 주선으로 다카기 진자부로를 초청하여 강연회를 개최하였다. 다카기 진자부로는 서울·광주 강연에 이어 6월 5일 영광에서 반핵 강연을 하였다. 6월 4일에는 '영광 핵발전소 추방협의회'의 의뢰로 실시한 "영광 원전 대사고시 재해평가"를 반핵자료정보실에서 발표하였다. 그는 영광 원자력발전소에서 중대 사고가 일어나면 서울 사람들이 대피해야 할 만큼 방사능 오염이 확산되며, 장기적으로 30만~40만 명이 암으로

---

111 "핵발전소에 한·일 국경은 없다!"

사망할 것이라 하였다. 반핵자료정보실은 일본에서 개최되는 반핵 관련 회의에도 참석하였다. 반핵아시아포럼 일본 간토關東위원회가 주최하는 아시아 4개국(한국, 일본, 대만, 인도네시아) 반핵회의와 일본 반핵 종교인 모임에 참가하였으며, 히로시마, 나가사키 원수폭 평화대회(8월 3일~8월 14일)와 반핵아시아포럼 일본위원회 회의에도 참석하였다.[112]

김원식은 반핵운동의 국제적 연대를 위해 일본에서 개최되는 각종 반원자력발전 집회에 참석하였다. 김원식은 일년에 보통 세 차례, 많을 때는 여섯 차례나 일본을 드나들며 일본 각지의 반핵운동에 참가하면서 지역 주민, 지역 활동가, 사회지도자, 학자들을 비롯하여 많은 인사들과 교류하였다.[113] 1990년 4월 일본 도쿄에서 '원전은 지구를 구하지 않는다. No Nukes One Earth'라는 이름의 원자력발전 반대집회가 개최되었는데, 김원식은 국내 반핵 인사들을 데리고 이 집회에 참가하여, 외국인들과 함께 히비야日比谷에서 긴자銀座까지 데모행진을 하였다. 4월 27일부터 일본 도쿄에서 열린 '탈핵발전소법 국회청

---

112 『한국환경회의』 통권2호(1994. 10), 배달녹색연합 서울 사무국 ; 『한겨레』 1994년 6월 5일자 등을 종합
113 김원식, 1996(토다 키요시, 1996, 324쪽)

원 대행동' 행사에도 참가하였다. 이 행사에는 전국에서 5000여 명이 참석하여 의원회관을 향해 행진하였다. 의원회관에 도착한 이들은 가지고 온 서명지를 의원들에게 인계하고 탈핵발전소법을 제정해줄 것을 요구하였다. 다음 날에는 히비야공원에서 집회를 하였는데, 김원식을 비롯한 한국인 일행도 참가하였다.

김원식은 이날 집회의 준비과정이나 진행과정을 살펴보면서 일본의 시위문화를 체험하였다. 일본의 반핵운동가들은 옥내 집회를 할 때 전기를 사용하지 않았다. 원자력발전소에서 생산하는 전기였기 때문이다. 집회에서 사용되는 전기는 자가발전기로 생산하였다. 도쿄에 있는 마루끼丸木미술관은 전기를 사용하지 않아서 촛불이나 랜턴 등을 이용해서 전시물을 감상해야 했다. 일상생활에서도 원자력발전소에서 생산하는 전기를 사용하지 않기 위해 냉장고를 사용하지 않는 사람들도 있었다. 다음 날 다카기 진자부로의 권유로 규슈九州로 갔다. 규슈의 반핵운동단체들과 교류를 하고 조직적 연계를 하기로 하였다.

김원식은 도쿄에 있는 동안 다카기 진자부로의 집에 머무르며 낮에는 시위, 행사, 토론회 등에 참석하였다. 그리고 이틀 밤을 새워 다카기 진자부로의 서재에 있는 책을 읽었다. 그 중 관심있는 주제의 책 54㎏을 다카기 진자부로의 허락하에 한국

으로 가져왔다.[114]

일본 언론들은 한국에서 김원식도 이 집회에 참가한다고 보도했다. 김원식으로서는 상당히 조심스러웠다. 북한에서 그를 주목할 수 있기 때문이었다. 그는 주최 측에 자신의 얼굴이 알려지지 않도록 해줄 것을 주문했다. 주최 측에서는 5명으로 팀을 구성해서 그를 보호해주었다. 그런데 함께 간 사람들이 공개적으로 불만을 제기하였다. 왜 공식 석상에서 얼굴을 알리지 않고 개인행동을 하느냐는 것이다.

그리고 행사 진행과정에서도 문제가 발생했다. 김원식이 통역을 하지 않고, 한국에서 같이 간 일행이 다른 통역사를 고용했는데, 통역을 하는 과정에서 오류가 발생한 것이다. 이는 공추련 집행부와 김원식 간의 갈등을 부추겼다. 귀국하자 김원식에게 청문회에 참석하라는 요청이 왔다. 김원식이 일본에서 조직규칙을 위반하는 행동을 했다는 것이다. 김원식은 규약과 규칙이 없다는 이유로 참석을 거부하고, 제명하고자 하는 근거가 무엇이냐고 따졌다. 간부진들과의 관계가 악화되면서 김원식은 공추련을 탈퇴하였다. 하지만 조직에서 소외되고 있던 조직부

---

114 『한겨레』1990년 4월 26일자; 다카기 구니코, 2015, 105쪽; 김원식, 2000(다카기 진자부로(김원식 역), 2000, 184쪽) 등을 종합

차장과는 2년 가까이 관계를 이어갔다. 조직부 차장을 통해서 서진옥과도 연락을 주고받았다. 김원식은 공추련을 나온 뒤 반핵 관련 소책자와 반핵 관련 소식지, 환경운동자료집 등 발간에 주력하였다.

김원식은 공추련을 탈퇴하였지만, 반핵운동의 한일연대를 위한 노력은 계속하였다. 김원식은 일본 각지의 원전 현지를 방문하여 "방사능에는 국경이 없다. 그러므로 한일·일한의 원전을 못하게 하지 않으면 안 된다. 그러기 위해서는 한일·일한 시민의 공동투쟁이 불가결하다"고 호소하였다.[115] 그는 1991년 1월 26일 한일교류 히로사키弘前대집회에 참가하여 한국 반핵운동과 로카쇼촌六ヶ所村 핵연료싸이클 반대운동을 연결하였다. 그후 아오모리현青森縣을 여러 차례 방문하여 히로사키시, 아오모리시, 로카쇼촌六ヶ所村, 무츠시むつ市, 오마정大間町에서 강연과 시찰을 하였다. '히로사키 핵에 반대하는 모임'의 사이도 마사노리와 함께 후쿠이현福井縣의 원자력발전소를 보러 가기도 했다.[116]

1991년 11월 2일부터 4일까지 일본에서 일본 원자력자료정보실의 주최로 국제플루토늄회의가 개최되었는데, 김원식은 반

---

115 오쿠무라 에츠오, 2015, 125쪽
116 사이도 마사노리, 2015, 118쪽

핵자료정보실 편집위원 김정경[117](반핵평화운동연합)과 함께 한국 대표로 참가하였다. 이 회의는 한국, 미국 등 9개국의 핵 관련 과학자들과 반핵운동가들 200여 명이 참가한 가운데, 사용후핵연료 재처리에 반대한다는 내용의 공동선언을 발표하였다.[118] 김원식과 김정경은 10월 31일부터 일본에서 활동하였는데, 국제회의가 끝난 이후에도 11월 11일까지 일본에 있으면서 한일 연대활동을 하였다. 5일부터 10일까지는 매일 강연을 하였다. 5일에는 한국의 반핵활동가의 이야기를 듣는 집회에서 2명이 다 강연을 하였는데, 강연 제목은 "한·일 핵발전소에 국경은 없다"였으며, 장소는 도쿄 토시마구민豊島區民센터 음악실이었다. 11월 6일에는 '핵과 환경 문제연구회'가 주최하는 학습회에서 발표하였다. 발표 장소는 일본 중의원 제1의원회관 제4회의실이었다. 7일에는 오사카시립노동회관에서 강연하였는데, 주부환경운동가 문선경(주부 환경운동가)이 합류하였다. 8일에는 후쿠오카에 도착, 고리의 반핵활동가 장석수, '부산 공해추방 시민운동협의회'의 박영숙과 이장수 등과 합류하여 일

---

117 김정경은 『반핵자료정보실통신』 창간호부터 편집위원으로 참여하였다.
118 『한겨레』 1991년 11월 19일자;『반핵자료정보실통신』 창간호(1991. 12. 20), 반핵자료정보실 등을 종합

본 겐카이玄海 반핵활동가들과 연대활동을 하였다. 규슈전력회사 홍보관을 견학한 뒤, 간샤 다에코를 방문하여 대담하였다. 9일에는 오전에 그린코프Green Cooperation를 방문하고, 오후에는 '일한 탈원발脫原發 교류회'에 참석하였는데, '부산 공해추방시민운동협의회'에서 발표하고 고리의 상황도 알렸다. 10일에는 겐카이玄海원자력발전소를 방문한 뒤, '겐카이원발玄海原發 풍하風下주민회' 회원들을 만났다.[119]

반핵운동의 한일연대를 위한 활동은 1992년에도 이어졌다. 1992년 8월 일본에서 '일본 반핵활동가 전국집회'와 '반핵 혁신 의원대회'가 개최되었다. '전라남도의회 핵발전소 및 핵폐기장 설치 반대 특별위원회'가 초청되었으나, 참가일 막바지에 특별위원회 의원들이 참가 결정을 번복하였다. 이에 김원식, 문선경, 오진희(핵과 환경 문제 연구회) 등이 한·일 반핵연대 차원에서 "한·일 원자력발전소에 국경은 없다"는 주제를 내걸고 대신 참가하였다. 이들은 8월 21일부터 30일까지 일본에서 개최된 각종 원자력발전 반대집회에 참석하여 일본의 여러 반핵단체 및 활동가들과 교류하였다. 8월 22일 교토에서 열린 전

119　"한일 핵발전소에 국경은 없다"

국 반원자력발전 교류집회에서 김원식은 한국의 반핵운동을 소개하고 전라남도 의원들이 참석하지 않은 것에 대해 해명하였다. 이어 분과회의가 개최되었는데, 김원식, 문선경, 오진희 등은 한국의 반핵운동과 한·일연대 분과회의에 참가하였다. 23일 스즈珠洲에서 주민교류회가 열렸는데, 이 모임에서 김원식과 문선경은 "한국의 반핵발전소운동에 관하여"와 "한국의 반핵운동과 여성의 역할"이라는 제목으로 각각 강연을 하였다. 24일에는 핵발전소 건설추진 예정지를 둘러본 뒤, '전국 혁신의원 20차 회의'에 참가하였다. 25일에 "참의원선거, PKO(Peace Keeping Operation), 환경" 문제를 주제로 전국 혁신의원 회의가 계속되었는데, 이 회의에서는 한국 반핵운동에 대한 보고에 이어 한국의 반핵운동과 한일연대, PKO 문제, 정신대 문제 등에 대해 자유롭게 얘기하는 분과회의가 개최되었다. 26일에는 결의문을 채택하고 이시카와현石川縣 노토能登로 떠났다. 27일 이시카와 현청에서 그 지역 의원들과 교류회를 가졌는데, 김원식이 한국의 반핵운동에 대해 간단하게 언급하였다. 27일 밤에 핵발전소 최대 밀집 지역인 후쿠이현福井縣 쓰루가시敦賀市 사람들과 교류회를 가진 데 이어 28일에 미하마美浜원자력발전소와 고속증식로 가동 예정지를 방문하고, 고베神戸학생청년센터 사람들과의 교류회를 가졌다. 29일 오사카노동자회 사람들과의 모임을 끝으로 일정을 마쳤다.[120]

1992년 10월 1일에는 하코다테函館·시모기타下北에서 '핵을 생각하는 모임'이 주최하는 '반핵에 국경은 없다. 일한 반핵교류집회'에 참석했다. 이 집회에서 김원식은 "반핵을 위해서 일한 양국의 시민이 '공생시대'를 창조하지 않으면 안 된다"고 호소하였다.[121]

1992년 10월 4일과 5일에는 도쿄에서 다카기 진자부로의 원자력자료정보실과 미국의 핵통제연구소 공동주최로 '아시아-태평양 플루토늄 수송 포럼'이 개최되었는데, 도위요고 나우루공화국 대통령 등 14개국 대표 150여 명이 참석하였다. 포럼은 15일에 일본에 플루토늄 수송계획을 중지할 것을 촉구하는 내용의 결의안을 채택하였다. 한국 대표로 참가한 김원식은 일본 내 핵 관련 시설에 대한 세계 민간 환경단체들의 조사활동 허용 등을 촉구하는 내용의 한국 시민단체들의 공동성명서를 낭독하였다.[122] 그리고 시사저널의 요청으로 다카기 진자부로와의 대담이 있었는데, 한국인 여성 두 명이 참석하였다. 김원식이 주로 통역을 하였다.

---

120 오진희, 1992
121 오바 가즈오, 2015, 121쪽
122 『한겨레』 1992년 10월 6일자

김원식의 염원인 반핵 국제연대를 실현할 수 있는 기회가 주어졌다. 1992년 6월에 브라질 리우데자네이루에서 지구 환경 보전 문제에 대해 논의하기 위해 유엔환경개발회의(리우회의)[123]가 개최되었는데, 이 회의에는 세계 각국 정상들과 민간단체들이 참가하였다. 이에 앞서 1992년 5월 1일부터 5월 3일까지 프리 브라질Pre-Brazil 회의가 일본 요코하마橫浜에서 개최되었다.[124] 김원식은 이 회의에 참가하면서 많은 준비를 했다. 김원식은 국제연대의 필요성을 각인시키기 위해 이해찬, 박영숙 등을 데리고 참가하였다. 이해찬과 박영숙의 참가는 일본 언론의 관심을 끌었다. 이 회의는 아시아 국가를 중심으로 개최되었는데, 미국, 영국, 독일, 프랑스 등지에서도 참가하였다. 김원식은 첫째 날 발언을 하였는데, 간접적 방식을 택하였다. 즉 김원식 본인이 직접 발표하지 않고, 함께 간 사람[125]으로 하여금 김원식이 작성한 발표문을 낭독하게 하고 김원식이 통역하는 방식이었다. 마지막 날 난상토론 시간에도 발언권을 얻었다. 발언 시간 10분 중 9분을 안면도 쓰레기 매립장 건설 반대투쟁과 한국의 반일투쟁에 대해 얘기하였다. 그리고 1분을 남겨놓고 아시아 각국의 반핵운동 시민단체가 모여 아시아 반핵회담을 하자고 제안했다.

1992년 브라질 리우에서 개최된 리우회의를 거치면서 한국의 환경운동은 한층 성장했다. 기존의 피해자 중심의 반공해운동에서 시민으로 폭을 넓힌 환경운동으로 전환하고, 지역에 국한된 활동에서 전국적 연대 나아가 지구환경 보전을 추구하기 위한 연합체를 결성해야 한다는 주장이 제기되기에 이르렀다. 논의 결과 1993년 4월 2일 공추련 등 전국 8개의 환경단체들(서울 공추련, 부산 공해추방시민운동협의회, 진주 남강을 지키는 시민모임, 광주 환경운동시민연합, 대구 공해추방운동협의회, 울산 공추련, 마산·창원공해추방시민운동협의회, 목포녹색연구회)이 통합되어 전국 조직인 '환경운동연합'이 결성되었다. 그 과정에서 환경운동의 위상을 둘러싸고 몇 개의 그룹이 이탈하였다. 김원식은 이때 이탈한 반핵운동을 중심으로 하던 그룹과 함께 활동하였다.[126]

프리 브라질 회의에서 김원식이 제안한 아시아 반핵 회담

---

123 1992년 6월에 브라질에서 세계 각국 정부 대표가 중심이 된 유엔환경개발회의(일명 Earth Summit)와 각국 민간단체가 중심이 된 지구환경회의 Global Forum가 동시에 개최되었는데, 이를 통칭하여 리우회의라 한다. 리우회의는 '리우 선언'과 '의제 21' 등을 채택하였다.
124 "반핵아시아포럼 소개 및 경과보고", 63쪽
125 이 사람은 안면도 사람으로 안면도 쓰레기 매립장 건설 반대투쟁에 참가하였다.
126 유정길, 2015, 35쪽

개최에 대해 일본이 긍정적 반응을 보였다. 프리 브라질 회의를 마치고 귀국하자 일본에서 사무국장의 이름으로 하나의 통지문이 와 있었다. 아시아 반핵 회담 개최 제안을 긍정적으로 받아들이며, 일본에서 아시아 반핵 회의를 준비하겠다는 내용이었다. 1992년 11월 21일 일본에서 이 행사를 주관할 실무기구로 '반핵아시아포럼No Nukes Asian Forum 실행위원회'가 구성되면서 본격적인 준비가 시작되었다. 한국측 발기인으로는 김원식, 박현서, 인명진, 전재진 등이 선정되었다.[127] 김원식은 일본에서 열린 사전회의에는 참석하지 못하였지만 일본을 오가면서 준비 과정에 적극적으로 참가하였다. 국내에서는 반핵아시아포럼 준비모임이 구성되어 1993년 2월 26일과 3월 31일에 회의를 개최하여 반핵아시아포럼 참가의 의의와 목표, 반핵운동자료집 발간, 반핵토론회 개최 등에 대해 합의하였다.[128]

반핵아시아포럼 준비작업에 참가한 사람 중 한 명이 어느 날 자신은 일본내의 반한단체와 연결되어 있다고 김원식에게 밝혔다. 반핵운동이 북한과 연결되는 것을 극도로 조심하고 있던 김원식으로서는 보통 문제가 아니었다. 이 사실에 대해 몇

---

127 "반핵아시아포럼 소개 및 경과보고", 63쪽
128 "반핵아시아포럼 소개 및 경과보고", 64쪽

사람과 상의를 했더니 모두들 난색을 표했다. 반핵운동만 하더라도 정보기관이 철저히 감시하고 있는데, 북한과 연결이 되면 국가보안법 위반으로 문제가 될 수 있으며, 거기에다가 북한은 반핵운동을 하지 않고 있다는 것이다. 상의 결과 반한단체와 연결된 사람을 배제하기로 하였다. 김원식이 그 사람에게 모임에 나오지 말라고 통지하였다. 이 사실을 반한단체와 연결되었다는 사람이 일본 사람들에게 알리자, 사상적으로 비교적 자유로운 일본 사람들은 북한과 연결된다는 사실이 한국에서 얼마나 위험한지를 잘 모르고 김원식을 비판하였다. 이에 김원식은 한국의 실정을 잘 모르는 처사라고 반박하였다. 이 사건은 반핵아시아포럼 제2차 대회 문제와 결합되어 복잡한 양상을 띠었다. 일본의 몇 개 지역에서는 김원식을 옹호하기도 하였다. 이 문제는 결국 해명이 되어서 일본 측 대표가 김원식에게 사과하는 것으로 끝났다.

1년간의 준비 끝에 반핵아시아포럼 제1차 대회가 1993년 6월 26일부터 7월 4일까지 일본 도쿄와 오사카 등 28곳에서 개최되었다. 한국에서 11명, 대만에서 12명, 인도, 인도네시아, 태국, 필리핀, 말레이시아 등에서 1~2명씩, 일본에서 다수가 참가하였다.

김원식은 일본의 반핵운동을 보고 배우라는 취지에서 국내에서 반핵운동을 하는 사람들을 데리고 반핵아시아포럼 제1차

제1회 NNAF(반핵아시아포럼) 국제회의(1993년 6월 26일(도쿄))에서 토론, 발언하는 김원식 (사진 사토우 다이스케佐藤人介 제공)

제1회 NNAF 간사이집회(1993년 7월 4일(오사카)) 행사 모습. 뒤줄 오른쪽 4번째 양손을 들고 있는 이가 김원식 (사진 사토우 다이스케 제공)

대회에 참가했다. 김원식은 참가자들로 하여금 스스로 알아서 행동하게끔 하였다. 하지만 참가자들은 김원식이 자신들의 의견이 반영되도록 배려해주지 않았다는 이유로 김원식에게 불만을 표시했다.

제2차 대회는 한국에서 하는 것이 순서였는데, 대만에서 자기네가 내년에 제2차 대회를 주관하겠다고 제안했다. 일본 측에서 한국 측의 의사를 묻자, 김원식은 2개월 이내에 대회 개최 여부를 통지하겠다고 답변했다. 그것은 한국에서는 아직 회의를 개최할 준비가 되어 있지 않다고 판단하였기 때문이다. 귀국 후 김원식은 제2차 대회를 한국에서 개최하기 위해 동분서주하였다. 종교계, 일반 사회단체 등 백방으로 쫓아다녀 호응을 얻어냈다. 많은 사람들이 도움을 주었다. 김원식이 이때만큼 많이 여기저기 돌아다니면서 강연하고 활동을 한 적은 평생 동안 없었다. 일본에서 연사를 초청하여 강연회를 개최하기도 했다. 일본에서는 대회를 6월 말 7월 초에 일주일간 개최했었는데, 한국에서는 도저히 시일을 맞출 수 없어서 3개월 정도를 연기하기로 결정하였다.

어느 하나의 단체가 주관하지 않고 공동으로 주최하는 방식을 택하였다. 반핵자료정보실, 배달녹색연합, 환경과공해연구회, 한국교회환경연구소, 서울대교구한마음한몸운동본부, 영광핵발전소추방협의회 등 반핵·환경운동단체와 반핵 지역주민운동단체 26개가 '반핵아시아포럼 한국위원회'(공동대표 김원식, 정구선, 이재돈, 이호원, 노정선, 주광진, 배다지)에 참여하였다. 2차 대회는 10월 14일부터 21일까지 개최되어, 일본의 핵 무장 기도와 군사대국화, 전후 책임 문제, 한·미·일 핵산업의 아시아 진출 문제, 한반도 비핵화와 핵확산금지조약 개정 요구, 탈핵을 위한 에너지 대안 등을 다루었다. 해외에서는 일본, 대만, 필리핀, 인도, 인도네시아, 타이, 말레이시아, 홍콩 등 8개국 대표가 참가하였는데, 그중에는 한두 명만 참가한 나라도 있었다. 14일의 전야제에 이어 15일에 서울 명동성당 문화관에서 개막식과 토론회를 개최하고, 16일부터 21일까지는 전북 고창(16일), 전남 영광, 광주(17일), 경남 고성(18일), 경남 양산, 부산(19일), 경북 영일(20일), 경북 울진(21일) 등지에서 현지행사를 진행하였다.[129]

김원식이 서울 집회에서 개회사를 하고, 가톨릭계에서 의장을 맡았으며, 광주, 부산, 울진 등지에서의 의장은 그 지역에서 맡았다. 1994년 10월 14일 전야제에서 김원식이 인사를 하기로 했는데, 집행부에서 광주에서 올라온 사람으로 하여금 인사

---

129 『한겨레』 1994년 10월 8일자;『한국환경회의』 통권2호(1994. 10), 배달녹색연합 서울 사무국 등을 종합

말을 하게 하였다. 이튿날 명동성당에서 전체 회의를 개최하였는데, 거기서 문제가 발생하였다. 대회 운영 예산으로 1000만 원을 계상하고 모금을 하였다. 김원식도 없는 살림에 100만 원을 기부금으로 냈지만, 모금은 잘되지 않았다. 그러자 회의 개최와 관련된 권리를 넘기면 2000만 원을 내겠다는 사람이 있다는 말도 나왔다.

김원식은 모금이 제대로 되지 않을 것을 예상하고 1994년 8월에 일본에 가서 도움을 요청하였다. 일본에서 38명이 참가를 하는데, 1인당 1만 엔씩 더 내기로 하였다. 그런데 집행부에서 김원식을 통하지 않고 일본 사람들의 대표 격인 사무국장에게 38만 엔을 납부해줄 것을 요구하였다. 일본 측 사무국장이 김원식에게 사정을 얘기하고 논의를 했는데, 38만 엔을 납부하지 않기로 했다. 10월 15일 한국 측 사무국장과 일본 측 사무국장(사토 다이스케佐藤大輔), 김원식 등 세 명이 모여서 회의를 하였는데, 일본 측 사무국장은 돈이 투명하게 사용되지 않으면 납부할 수 없다고 하였고, 김원식은 일본 측의 의견에 동조하였다. 결국 일본 측은 돈을 넘기지 않았다.

대회가 끝나고 저녁 식사를 하는데, 일반 참가자들은 의례히 자신의 식대를 지불하지 않고 그냥 나가버렸다. 더치페이가 보편화되어 있지 않은 한국의 문화를 이해하지 못한 일본 사람들은 자기들 몫만 지불하였다. 나머지 식사 비용은 집행부가 부랴부랴 돈을 걷어서 지불하였다. 집행부는 일본 참가자들이 자신들의 식사 비용만 지불한 것은 김원식의 사주에 의한 것으로 오해하였다. 이리하여 집행부의 김원식에 대한 감정은 악화되어 갔다.

대회에 참가한 사람들은 핵발전소 증설 반대투쟁이 활발하게 전개되고 있던 영광에서 집회를 마치고 광주로 갔다. 광주에서의 대회는 광주 사람들이 주최하였는데, 김원식은 한 명의 참가자로서 대회 진행에 협력하였다. 궂은일까지 마다하지 않았다. 집행부는 김원식을 철저히 배제하며 발언할 기회조차 주지 않았다.

부산 대회에서도 집행부 측과 김원식 간에 마찰이 발생하였다. 부산에 있는 일본 영사관을 찾아가는 순서가 있었는데, 일본 영사관으로 가는 도중에 도로에서 경찰이 버스를 가로막았다. 다들 버스에서 내려서 일본 영사관을 향해 가는데, 누가 앞장을 설 것인가를 놓고 의견 대립이 발생한 것이다. 집행부 측은 일본 사람들을 앞에 세우자고 했고, 김원식은 일본 사람에게 앞에 서라고 하는 것은 실례가 되는 행위이며, 또한 국제 문제가 된다면서 당연히 한국 사람들이 앞에 서야 한다고 주장했다. 일본 사람들도 한국에서 주최하는 대회이므로 자신들이 앞장을 설 필요는 없으며, 자기들이 앞장을 서는 것은 곤란하다는 입장을 표명했다. 이러한 일련의 사건들은 집행부 측에게는 일본 사람들과 김원식이 짜고 하는 행동으로 비추어졌다. 김원식이 일본 사람들과 의사소통을 자유롭게 하였던 점이 일본 사람들과의 의사소통이 제대로 되지 않는 집행부 측의 오해를 심화시켰던 것이다. 결국 김원식을 제명하자는 의견이 제출되기에 이르렀다. 김원식이 일본 사람들을 사주하여 돈을 내지 않게 하였다는 것이 그 이유였다.

부산 대회에는 부산의 많은 단체들이 참가하였는데, 김원식이 교섭한 결과였다. 부산 사람들은 김원식을 제명해야 한다는 의견에 대해 반대하고 나섰다. 김원식이 사주했다는 행위의 사실 여부를 떠나서 제명하는 것은 나중 문제로 지금 이 자리에서 처리해야 할 문제가 아닐 뿐더러, 아무리 잘못했다고 하더라도 제명은 안 된다는 것이었다.

그러한 분위기에서 김원식은 일행들을 따라 영일군 청하면으로 갔다. 청하면은 핵폐기물 처분장 건설 반대투쟁이 일어난 지역으로 김원식이 투쟁단체들을 조직했었다. 김원식이 아무런 발언을 하지 않고 있으니, 청하 지역 사람들이 김원식으로 하여금 발언을 하게 만들었다. 그리고 모금을 하여 김원식에게 건네주면서 집행부에 주지 말고 본인이 하는 일에 보태 쓰라고 하였다. 울진에서도 같은 일이 벌어졌다. 김원식이 나서지 않으니 울진 지역 사람들이 김원식에게 발언할 기회를 만들어주었다.

10월 21일 울진을 떠나서 서울로 출발하였다. 대한성공회 뒤에 숙소를 정하고 외국에서 참가한 사람들과 함께 총괄회의를 하였다. 이 자리에서 김원식은 앞으로 반핵아시아포럼에서 손을 떼겠지만 환경운동은 계속할 것이라고 선언하였다. 반핵아시아포럼은 녹색연합의 장원이 맡아서 하기로 결정되었다.

일본 측은 일본에서 다시 총괄회의를 개최하였다. 김원식도 잔무 처리 때문에 참석하였다. 김원식은 한국 측 사정을 설명하고 11월 10일에 귀국하였다. 다음날에 14명의 명의로 「공개질의서」가 팩스로 왔다. 그 내용은 대회 중에 발생한 문제들에 대해 공개질의를 할 테니, 12일에 기독교회관으로 오라는 것이었다. 김원식은 공개질의서의 내용은 날조된 것이라면서 참석을 거부하였다. 김원식은 자신의 입장을 해명하고 공개질의서의 내용이 날조된 것임을 증명할 수 있는 자료를 수집하는 데 시일이 필요하며, 양쪽에서 인정하는 제3의 인물을 내세울 것을 주장하였다. 양측의 입장을 조율하는 데 40일 정도가 걸렸다. 그런데 양측을 중재하기로 한 기독교계 원로가 자신은 못하겠다고 거절하였다. 거기에다가 공개질의서에 서명한 14명 중 1명이 자신은 서명한 적이 없다는 사실을 폭로하였다. 김원식이 공개질의서의 내용이 거짓임을 증명하는 자료를 만들어 제출하자 공개질의는 없던 걸로 흐지부지 되고 말았다. 이를 계기로 김원식은 국내 반핵운동과의 공식적인 관계는 거의 차단하다시피 하였다.

김원식은 시민운동을 하는 사람들이 특권의식을 가지고 성역화하는 것을 깨부수기 위해 13명을 명예훼손죄로 경찰에 고소하였다. 공개질의 문제가 형사 문제로 비화되자 13명 중 한 명을 빼고는 다들 자신은 이름만 빌려주었을 뿐 공개질의서 작성에는 참가하지 않았다면서 발뺌을 하기 바빴다. 이에 김원식은 고소를 취하하고 사건을 마무리지었다.

1995년 반핵아시아포럼 제3차 대회가 대만에서 개최되었다. 김원식은 참가하지 않으려고 하였으나, 대만에서 자꾸 참가를 종용하는 내용의 팩스를 보내왔다. 창시자가 오지 않으면 어떡하느냐는 것이다.

대만 측의 강력한 요청으로 김원식은 타이페이臺北로 갔다. 한국에서는 18명이 갔는데, 그 중 8~9명은 대학생들이었다. 공항에서 한국 측 참가자들을 만났는데, 반핵아시아포럼 제1차 대회 준비과정에서 물의를 빚었던 사람이 단장으로 왔다. 단장은 김원식을 보더니 대뜸 욕설을 했다. 김원식은 그를 무시하고 환영 나온 대만 측 사람에게로 갔다. 숙소에 도착한 뒤 젊은 사람들이 공항에서 있었던 불미스러운 일에 대해 사과하러 김원식 방으로 왔다. 김원식은 폭언도 폭력이며, 폭력을 말리지 않은 것은 폭력에 동조한 것이라면서 사과를 받아들이지 않았다.

마지막 날 회식 자리에서 일본에서 온 사람 중 한 명이 발언권을 얻어 1~3차 대회의 장단점을 이야기한 뒤, 한국 측 사람들에게 몇 마디 쓴소리를 하였다. 즉 일본에서는 반핵운동을 20년 정도 한 것으로는 선배 대접을 받지 못하는데, 한국 측 사람들은 왜 자꾸 얼굴이 바뀌냐면서, 이 중 1차 대회 이후 계속 참석한 사람이 있는가 하고 따졌다.

반핵아시아포럼 제3차 대회 기간에 김원식은 다카기 진자부로, 사이도 마사노리 등과 같은 방에서 이틀 밤을 함께 지내면서 많은 얘기를 나누었다. 원자력자료정보실 창립 20주년 행사에 초청을 받은 김원식은 1995년 11월에 도쿄로 갔다. 원자력자료정보실 창립 20주년 행사에는 200여 명이 참석하였다. 김원식은 축사를 한 후 다카기 진자부로에게 "극승핵화克勝核禍"라고 쓴 직사각형 대리석을 선물로 주면서, "내가 존경하는 다카기 박사는 일생을 통해 '핵의 재앙'과 '싸워 이긴' 사람입니다"라는 말을 보탰다.

영덕과 안면도, 장흥 등지에 핵폐기장을 설치하려다가 반대에 부딪혀 실패한 정부는 지금까지 밀어붙이던 방식을 핵폐기장을 유치하는 지역에 지역개발 등을 지원하는 방식으로 바꾸었다. 1993년 '방사성 폐기물 관리사업의 촉진 및 시설 주변지역의 지원에 관한 법률'을 제정한[130] 데 이어, 1994년 1월 7일에는 핵폐기물 처분장 터는 1991년에 선정한 6개 후보 지역 중 주민들이 자발적으로 유치를 원하는 곳으로 선정하고, 핵폐

기물 처분장 터에는 원자력 관련 산업체 건설을 추진하겠다고 발표하였다.[131]

1994년에 들어 한국전력공사가 장기 전력 수급계획에 따라 원자로 2~4기를 고리 원자력발전소에 추가 건설한다는 방침을 정하고, 주민들의 요구사항을 적극 검토하기로 하였다. 핵폐기장 건설 후보지에 원자력발전소를 추가 건설한다는 방침이 정해지면서 핵폐기장 건설 반대투쟁은 원자력발전소 건설 반대투쟁과 결합되어 전개되었다.

양산과 울진 등에서는 지역의 일부 주민들이 지역개발 등을 조건으로 하여 핵폐기물 처분장 유치를 추진하였다. 이에 양산, 울진, 장흥 등지에서 핵폐기장 건설 반대투쟁이 다시 전개되었다. 고리 원자력발전소 인근 지역 주민 일부가 1993년에 지역개발 등을 조건으로 원자로 등 관련 시설 추가 설치를 공식 요청하였다. 이에 1994년 3월 1일 경남 양산군 주민 2,000여 명이 고리 원자력발전소의 추가 핵 시설 건립에 반대하는 1차 주민궐기대회를 개최하였다. 이어 3월 12일과 29일에도 궐기대회를 개최하였다. 4월 18일의 제4차 궐기대회는 장안읍

---

130 『한겨레』 1994년 6월 3일자
131 『한겨레』 1994년 1월 8일자

등 경남 동부 읍·면 지역 주민 2500여 명이 그린피스 방한팀 관계자와 부산·울산 지역 환경운동단체들과 함께 개최하였는데, 핵폐기물 영구 저장고 유치계획을 전면 철회하라고 요구하였다. 5월 11일 양산군 장안읍 월내리 지역을 핵폐기장 후보지로 지정하고 한국원자력연구소가 양산군 동부양산출장소에 협조공문을 보내자, 1500여 명이 항의시위를 하였다. 장안읍 주민들은 곳곳에서 철야시위를 하였다. 5월 12일부터는 반대투쟁이 격렬하게 전개되었다. 5월 12일 '핵폐기물 유치 반대 공동투쟁위원회'는 양산군 장안읍 주민 1300여 명이 참가한 가운데 장안읍내로 들어가는 모든 도로를 점거하고 시위를 벌여 경찰과 충돌하였다. 초·중·고 학생들의 등교도 거부하였다. 13일에는 양산·울산 지역 주민 1만여 명이 참가한 가운데 핵폐기물 저장고 건립 반대 결의대회를 개최하고 거리행진을 하였다. 시위는 16일까지 매일 벌어졌다. 5월 20일에도 양산군 장안읍 등 5개 읍·면과 울산 일부 지역 주민 5000여 명이 부산·울산 지역 환경운동단체들과 일광해수욕장 입구 빈터에서 '핵폐기물 저장고 반대 제6차 결의대회'를 개최하고, 자녀 등교 거부투쟁을 양산 전 지역에 확대해 나가기로 결의하였다.[132] 양산군민들의 반대투쟁은 한국원자력연구소 소장의 기자회견과 내무부장관의 주민들과의 간담회를 계기로 5월 말부터 수그러들었다. 내무부장관은 간담회에서 장안읍은 핵폐기장 건설 예정지에 들

어가지 않을 것이라고 발언하였다.[133]

울진에서도 원자로 추가 건설과 핵폐기물 처분장 건설에 반대하는 투쟁이 전개되었다. 1994년 2월 초순에 과학기술처 간부가 울진군 일부 주민들을 회유하여 일부 주민들로 하여금 핵폐기물 처분장 유치를 추진케 하였다. 이에 지역 청년들이 중심이 되어 3월 16일 '기성면 핵폐기장 대책위원회'를 결성하고, 3월 25일부터 핵폐기물 처분장 1차 반대서명운동을 전개하였다. 이어 4월 11일에 800여 명이 참가한 가운데 원자력발전소 추가 건설과 핵폐기장 건설에 반대하는 집회를 개최하고 시가행진을 하였다. 울진군반대투쟁위원회와 후포면청년회도 참가하였다. 이들은 "원전 추가 건설, 핵폐기물 처리장 결사 반대"등의 구호를 외치며 가두시위를 벌였다. 4월 19일에는 군의회가 기성면에 핵폐기장을 설치하는 데 반대하기로 결의하고, 「군민에게 드리는 호소문」을 배포하였다. 반대투쟁이 지역 전체로 확산되는 가운데 5월 28일에 청년단체, 부녀회, 관

---

132 "경남 양산 핵폐기장 건설반대운동 경과보고":『동아일보』1994년 3월 2일자;『한겨레』1994년 4월 19일자, 5월 14일·16일·21일자;『조선일보』1994년 5월 15일자;『동아일보』1994년 5월 17일자;『매일경제』1994년 5월 13일·15일자 등을 종합

133 손영호, 2019, 119~120쪽

변단체 대표 등 지역인사 150여 명이 '울진군 핵폐기물 반대 범군민대책회의'를 구성하였다. 이후 등교 거부, 국도 점거 등이 실시되는 등 반대투쟁은 격렬하게 전개되었다. 결국 6월 1일에 과학기술처가 "동 지역에 방사성 폐기물 처분장을 설치하지 않겠다"는 내용의 공문을 보냄으로써 울진 핵폐기장 반대투쟁은 일단락되었다.[134]

핵폐기장 건설 반대투쟁을 전개해오던 장흥군민들은 1994년 5월 24일 최형우 내무부장관이 주민 대표와 면담한 것을 계기로 집단행동을 멈추었다. 최형우 내무부장관이 장흥 지역에 핵폐기장 건설을 추진하지 않겠다고 하였다. 하지만 장흥군민들은 '핵 저장고 반대 주민 공동투쟁위원회'를 해체하지 않고 추이를 지켜보기로 했다. 1994년 11월 15일 정부가 올해 안에 핵폐기장 터를 선정하겠다고 발표하자, 장흥군 사회·종교·농민단체 대표들은 12월 9일 「핵폐기장 설치에 반대하는 100인 선언」을 채택하고, '장흥 핵발전소와 핵폐기장 반대 투쟁위원회'가 1992~1993년 간에 장흥군민의 절반가량인 3만여 명으로부터 받아놓은 핵발전소와 핵폐기장 반대 서명자 명단을 과학기

---

134 "울진 핵폐기물 처분장 반대 투쟁 일지";『동아일보』1994년 4월 12일·6월 3일자 등을 종합

술처에 제출하였다.[135] 이외 영일군에서도 핵폐기물 처분장 반대시위가 전개되었다.

핵폐기물 처분장 건설이 양산, 울진, 장흥 등지 주민들의 반대로 난관에 봉착하자, 정부는 인구가 적은 굴업도를 핵폐기장 건설 대상지로 선정하였다. 1994년 12월 15일 MBC 저녁 뉴스에서 굴업도가 핵폐기장 최종 후보지로 유력하다는 사실이 보도되었다. 이에 모섬인 덕적도 주민 250명이 자발적으로 '덕적도 핵폐기장 반대 투쟁위원회'를 구성하였고, 약 2주 후에는 소야도, 문갑도, 울도, 백아도 등의 주민들까지 투쟁에 참가하였다. 인천 시민단체들도 굴업도 핵폐기장 반대투쟁에 동참하였다. 1994년 12월에 출범한 인천환경운동연합은 제일 먼저 굴업도 핵폐기장 반대투쟁을 전개했다. 인천환경운동연합은 인천경제정의실천시민연합, 민주주의민족통일인천연합 등과 함께 굴업도 핵폐기장 반대 성명을 발표하고, 인천 시민들에게 핵폐기장의 문제점을 알려나갔다. 1995년 1월 24일 '인천 앞 바다 핵폐기장 대책 범시민협의회'(이하 인천핵대협)가 결성되어 굴업도 핵폐기장 저지투쟁을 이끌었다. 김원식은 인천핵대협의

---

135 『한겨레』 1994년 6월 3일·12월 10일자

지도부에 대해 비판적 입장을 견지하였다. 핵폐기장은 반핵의 기치가 선명해야 행동이 명확할 수 있는데, 명칭에서 반대를 분명히 하지 못하고 대책이라고 한 것은 타협에 불과하다는 것이다.[136]

1995년 2월 17일에는 전국반핵운동본부가 다카기 진자부로를 초청하여 환경운동연합 강당에서 '굴업도 핵폐기장 문제에 대한 간담회'를 가졌다.[137] 인천환경운동연합도 원자력발전소 건립을 추진하는 정부와 한국전력공사 그리고 핵 전문가들에 맞서 싸우기 위해서는 핵발전소와 핵폐기장의 문제점에 대한 전문지식이 필요하다는 판단하에 일본의 반핵 인사 다카기 진자부로를 초청하여 1995년 2월 18일과 19일에 인천과 덕적도에서 굴업도 핵폐기장 건설에 반대하는 내용의 강연회를 개최하였다. 이때 김원식이 통역을 맡았다.

그리고 일본으로 가서 반핵 현장을 볼 필요가 있다는 지적에 인천환경운동연합 차원에서 일본반핵시찰단을 구성하였다. 핵폐기장이 있는 일본 아오모리현을 방문하기로 하였다. 김원식은 아오모리현 방문과 관련하여 '히로사키 핵을 반대하는 모임'

---

136 박병상, 2015, 29~30쪽
137 『동아일보』 1995년 2월 11일자

1994년 4월 인천 굴업도 핵폐기장 추진을 저지하기 위해 인천환경운동연합은 '일본 반핵시찰단'을 구성하여 일본 아오모리, 로카쇼촌를 방문하였다. 당시 '히로사키 핵을 반대하는 모임' 사이도 마사노리道祖土正則, 와타나베 마사히토 씨 등을 만나 무쯔오가와라항에서의 '반핵연反核燃의 날' 행사에 참석하고, 아오모리 현청에서의 기자회견, 아오모리 문화회관에서의 집회 등에도 참석하였다. 김원식은 정일섭 단장, 박병상 박사 등의 발언을 통역하거나 해설하였다. (사진 이덕희 제공)

의 사이도 마사노리와 반핵 아시아포럼의 사무국장인 사토 다이스케 등의 적극적인 지원과 협조를 얻어냈다. 전체 일정과 비용 문제가 해결되자, '한일 반핵 연대를 위한 인천핵대협 반핵 시찰단'이 구성되었는데, 인하대 교수 정일섭(단장), 인천시의원 한영환, 박병상, 이용식, 문병호, 서주원, 이덕희(총무) 등이 참가하였다.

시찰단은 1995년 4월 7일 아오모리공항에 도착하여 사이도 마사노리와 와타나베 마사히토 등과 마이니치每日신문 기자를 만났고, 오후에는 아오모리 현청에서 기자회견을 하였다. 이어 아오모리문화회관에서의 집회(4월 8일)와 무츠오가와라 항むつ小川原港에서의 '반핵연反核燃의 날' 행사(4월 9일)에 참가하였다. 김원식은 이 모든 행사에서 통역과 해설을 맡았다. 특히 4월 8일 저녁에는 일본 원자력선 부두의 코앞에서 반핵운동을 펼치는 일본 반핵운동의 기념장소 '하마노이에(해변의 집)'을 방문하여 일본의 반핵운동가들과 국제연대를 다져나갔다. 4월 9일에는 일본에서 핵발전소가 가장 많이 있는 후쿠이현 쓰루가로 이동하여 몬주 고식증식로와 미하마 핵발전소를 방문하였다. 시찰단이 4박 5일 간의 짧은 일정이었음에도 아오모리, 로카쇼촌, 무츠오가와라, 몬주, 미하마 등 일본 핵의 주요 지역을 방문하고, 아오모리 히로사키시의 사이도 마사노리의 집, 무츠의 해변의 집, 오사카의 노동자회관에서 한일 반

핵 연대를 위한 교류회를 가질 수 있었던 데에는 김원식의 역할이 컸다. 시찰단은 이 방문을 통해 핵발전소와 핵폐기장을 포함한 핵 전반에 대한 지식과 첨단 정보를 획득할 수 있었고, 일본 반핵운동가들과의 만남을 통해 자세와 각오를 다질 수 있었는데, 이는 굴업도 핵폐기장 철회를 이끌어내는 데 큰 힘이 되었다.[138]

서울 명동성당에서의 32일간 농성, 인천 답동성당에서의 172일간의 농성 등 핵폐기장 건설 반대투쟁이 치열하게 전개되는 가운데, 11월 30일 한국자원연구소의 정밀조사 결과 굴업도를 중심으로 3km 이내 해저에서 최소 2개의 활성단층이 확인되었다는 사실이 발표되었다. 이에 원자력위원회는 1995년 12월 16일 굴업도 핵폐기장 지정고시를 공식 철회하였다.[139]

김원식은 1994년 반핵아시아포럼 제2차 대회에서 발생한 집행부와의 마찰 이후 국내 반핵운동에서 손을 떼기 시작하였으며, 굴업도 핵폐기장 건설 반대투쟁에 참가한 이후에는 반핵운동계와 공식적인 관계를 단절했다. 하지만 일본 반핵운동가

---

138 이덕희, 2015, 59~60쪽;『한겨레』1995년 2월 18일자 등을 종합. 원자력위원회는 1995년 12월 16일 굴업도 핵폐기장 지정고시를 철회하였다.
139 손영호, 2019, 124쪽

들과의 교류활동은 계속 이어갔다.

김원식은 1995년에 다카기 진자부로의 주도로 개최된 플루토늄 수송 반대 국제회의에 참가하였으며, 이해 겨울에 아오모리현 히로사키시에서 개최되었던 '반핵 연설회'에도 참가하였다. 이 집회에서 다카기 진자부로와 함께 연설을 하였다. 쓰루가시 게히노마쓰바라氣比の松原 모래밭에서 전국에서 6000여 명이 모여 '몬주文珠 고속증식로 반대집회'를 개최하였을 때에도 다카기 진자부로와 함께 반핵을 부르짖었다. 1998년 1월 17일에는 다카기 진자부로의 '바른생활상The Right Livelihood Awards'[140] 수상을 기념하는 집회에 서진옥과 함께 참석하여 축사를 하였다. 다카기 진자부로는 세 차례나 한국에 와서 반핵운동에 참가하였다.[141]

일본을 통해 환경운동에 참가한 김원식은 일본과의 교류를 이어가는 한편, 각종 강연, 각종 매체와의 인터뷰, 팸플릿·소책자·소식지 제작, 환경운동 관련 서적 번역 등을 통해 일본의 환경운동을 국내에 소개하였으며, 국내 환경운동단체와 반핵운동단체들에

---

140 바른생활상은 인권과 환경 보호 및 삶의 질을 향상시키는 데 기여한 공로자들에게 주어지는 상으로 대안 노벨상이라고도 불려진다.
141 김원식, 2000(다카기 진자부로(김원식 역), 2000, 186쪽)

게 일본 환경운동가를 연결시켜주고 일본의 반핵운동 현장을 안내하였다.[142] 1999년 8월에 환경정의포럼이 "일본의 환경운동, 환경정의"라는 주제로 토다 키요시戶田淸를 초청하였는데, 이 포럼에서 김원식이 통역을 맡았다. 2000년 12월에는 일본 도쿄 히비야日比谷공회당에서 개최된 '다카기 진자부로를 회고하는 모임-평화롭고 지속가능한 미래를 향하여'에 한국 대표로 참가하였다. 이헌석도 함께하였다.[143] 이 자리에서 김원식은 이헌석을 앞으로 한국의 반핵운동을 이끌어갈 친구라고 소개했다.

국내 반핵운동계와 공식적인 관계를 단절한 김원식은 환경과 반핵에 관련된 일본 서적들을 번역하는 데 집중했다. 책을 출판하는 것은 김원식이 세상과 소통하는 유일한 통로가 되었다.[144] 1990년부터 일본의 환경운동 관련 서적들을 국내에 번역·소개해오던 그는 1996년에 토다 키요시의 『환경정의를 위하여』와 오기노 고오야荻野晃也의 『암과 전자파』를 번역·출판한 데 이어, 『국내외 사례 연구를 통한 환경정의운동 모색』(환경정의시민연대·환경정의포럼 편, 2001)에 「일본의 시민환경

---

142 박병상, 2015, 30쪽
143 다카기 구니코, 2015, 105쪽 ; 이헌석, 2015, 73쪽 등을 종합
144 김소희, 2003

운동」(오쿠무라 에츠오奧村悅夫가 발행한 『키마구레통신』 5호(2000. 11. 21)를 번역한 글)과 토다 키요시의 「에콜로지사회주의와 환경정의」 등을 번역한 글을 게재하였다. 이후에도 다카기 진자부로의 『원자력 신화로부터의 해방』(2001), 토다 키요시의 『환경학과 평화학』(2003), 다카기 진자부로의 『지금 자연을 어떻게 볼 것인가』(2006), 히로세 다카시의 『원전을 멈춰라』(2011),[145] 고이데 히로아키小出裕章의 『은폐된 원자력 핵의 진실』(2011, 공역) 등을 번역·출판하였다.

김원식의 환경운동 관련 서적 번역은 원자력에 대한 정보가 거의 없었던 국내 환경운동가들에게 커다란 참고와 도움이 되었다. 특히 환경정의는 당시에 많은 환경운동가들이 주목한 참신한 주제였다. 토다 키요시의 『환경정의를 위하여』의 경우, 읽고 토론하는 모임들이 여러 군데에서 생겨날 정도로 국내 환경운동가들에게 미친 영향은 컸다. 김원식이 번역한 일본의 환경운동 관련 서적들은 다음과 같다.

---

145 『원전을 멈춰라』는 1990년에 푸른산에서 출판한 『위험한 이야기』를 2011년 3월 11일 후쿠시마핵발전소 사고를 계기로 서명과 출판사를 변경하여 다시 출판한 것이다.

- 마쓰이 다카후미, 1990 『지구, 46억 년의 고독』, 푸른산
- 아마가사 게이스케(강헌과 공동번역), 1990 『지구를 파괴하는 범죄자들』, 푸른산
- 히로세 다카시, 1990 『위험한 이야기』, 푸른산(2011년에 이음에서 『원전을 멈춰라』로 재출간)
- 히로세 다카시, 1991 『누가 존 웨인을 죽였는가』, 푸른산
- 토다 키요시, 1992 「환경의 위기는 '인류의 과제'」, 『길』 1992년 8월호
- 토다 키요시, 1996 『환경정의를 위하여』, 창작과비평사
- 오기노 고오야, 1996 『암과 전자파』, 내일을여는책
- 다카기 진자부로, 2001 『원자력 신화로부터의 해방』, 녹색평론사
- 토다 키요시, 2003 『환경학과 평화학』, 녹색평론사
- 유리시 체르바크, 2005 『체르노빌 사고』, 청소년환경센터
- 다카기 진자부로, 2006 『지금 자연을 어떻게 볼 것인가』, 녹색평론사
- 와카쿠와 미도리, 2007 『사람은 왜 전쟁을 하는가』, 알마
- 오제키 슈지·가메야마 스미오·다케다 가즈히로 공편, 2007 『환경사상 키워드』, 알마
- 고이데 히로아키(고노 다이스케와 공동번역), 2011 『은폐된 원자력 핵의 진실』, 녹색평론사

① 평화와 환경을 생각하는 모임이 주최한 '평화운동과 환경운동의 만남' 토론회 (2003년 9월 25일, 서울 국가인권위원회 배움터)에서 발표하는 토다 키요시 교수와 이를 통역하는 김원식 ② 녹색평론사와 영남대 인문과학연구소 주최, 제1회 '21세기를 위한 사상강좌'(2003년 9월 29일, 영남대 인문관 101호)에서 토다 키요시의 발표를 통역하는 김원식 ③ 김종규 부안군수의 위도 방사성 폐기물 처리시설 유치 선언으로 촉발된 2003년 부안 사태 시, 촛불시위 현장에서 발언하는 김원식 ④ 환경정의시민연대 환경정의포럼 주최(2000년 3월) 토론회에서 '일본에서의 시민환경운동'을 발표하는 김원식

그리고 개인적 친분관계 속에서 환경 문제나 반핵과 관련해서 강연이나 발표, 통역 등의 활동을 계속했다. 2000년 3월에 환경정의시민연대 환경정의포럼이 개최한 토론회에서 '일본에서의 환경·시민운동'이라는 주제로 발표를 하였으며[146] 2001년에는 한국불교환경교육원이 개설한 생명운동아카데미에서 강의를 하였다.[147]

2003년 9월 19일에는 '평화와 환경을 생각하는 모임'이 주최한 '평화와 환경을 더불어 생각하는 워크숍'에서 「환경운동과 평화운동-경험을 토대로」를 발표하였으며, 이어 진행된 '평화운동과 환경운동의 만남' 토론회(9월 25일)에서는 토다 키요시 교수의 발표를 통역하였다. 2003년 9월 29일부터 녹색평론사와 영남대 인문과학연구소가 세계적인 대안 사상가와 활동가를 초청하여 '21세기를 위한 사상강좌'를 연속적으로 개설하였는데, 제1회 강사였던 토다 키요시의 발표 '환경과 평화의 세기를 위하여'를 통역했다. 또, 2003년 부안방폐장 사태 시 매일 저녁 촛불시위가 진행되었는데, 그때 주최 측의 초대를 받아 수천 명 앞에서 발언을 하기도 하였다.

---

146   윤종호, 2015, 44쪽
147   유정길, 2015, 34쪽

9. 아나키즘을 접하고 반전평화운동으로 지평을 넓히다

김원식은 출옥 이후 국내 진보적 학자들과 교류하는 한편, 1960년대 말부터 나타나기 시작한 일본의 신좌익과도 교류하였다. 일본의 신좌익은 맑스레닌주의를 비판하고 있었는데, 김원식은 일본의 이론 서적들을 통해 '살길은 무엇인가' 하는 문제에 대한 답을 찾고자 하였다. 김원식이 보기에 일본의 사회운동은 정권에 대한 반대에서가 아니라 먹고 사는 문제에서부터 시작되었다. 부녀운동의 경우 부엌에서 소비하는 문제에서 비롯되었다. 일본에는 정권을 탈취해봐야 새로운 지배계급이 생겨날 뿐이라는 인식이 기본소양으로 갖추어져 있었다. 김원식은 일본의 사회운동으로부터 많은 시사점을 얻었다. 공산주의를 비판적으로 바라보기 시작하면서 새로운 사상을 추구하던 김원식은 1992년 무렵부터 아나키즘을 지향하였다.[148] 토다 키요시, 다카기 진자부로, 무카이 코向井孝 등과의 만남이 계기가 되었다.

토다 키요시는 김원식이 환경운동과 아나키즘에 대한 사상적 기초를 마련하는 데 결정적 영향을 끼친 인물이다. 김원식은 토다 키요시가 1992년 봄에 『세카이世界』에 발표한 「환경의 위기는 '인류의 과제'」라는 글을 읽고 커다란 충격을 받았다. 그는 이 글을 통해 환경 문제의 역사성과 사회성을 깨달았다. 그는

---

148 『환경학과 평화학』(토다 키요시, 녹색평론사, 2003)의 역자소개란

이 글을 번역하여 『길』 1992년 8월호에 게재하였다. 김원식은 1992년 8월 27일 도쿄 간다神田에 있던 '민들레집'[149]에서 미야지마 노부오宮嶋信夫의 소개로 토다 키요시를 처음 만났다. 여러 명과 대화를 하는 도중에 김원식이 "토다씨는 오지 않았는가 보네요?"라고 말하니, 미야지마 노부오가 탁자 맞은편에 앉아 있는 허름한 옷을 입은 봉두난발의 젊은이를 가리키며 "저분이 토다입니다"라고 소개해주었다. 1992년 가을에는 토다 키요시의 『환경적 공정을 찾아서環境的公正を求めて』 초고를 읽을 수 있었다.[150] 환경운동의 이론적 기초 구축을 갈구하고 있던 김원식은 『환경적 공정을 찾아서』에서 그 실마리를 찾을 수 있었다.

토다 키요시는 『환경적 공정을 찾아서』에서 환경정의의 의의와 엘리트주의를 대체할 참여민주주의에 대해 논한 뒤, 현대자본주의와 공산주의가 환경을 어떻게 파괴해 왔는가를 밝혔다. 그리고 환경파괴의 영향 나아가 광범위한 모든 생활기회에 대한 모든 제약이 사회적·생물적 약자에게 더욱더 집중되는 원인을 분석하고, 엘리트 중심의 자연보호운동과 약자들에게 불이익을 주는 경향이 있는 환경보전대책에 대해 비판하였다. 마지막으로 환

---

149   민들레집은 일본 반원자력발전운동의 사무소이다.
150   김원식, 1996(토다 키요시, 1996, 325~326쪽)

서울 서대문형무소 앞에서 토다 키요시[戶田清]와 기념촬영(2003년 가을)

경파괴의 사회적 불평등을 구조적으로 내포하고 있는 사회체제를 변혁하고 환경정의를 실현해 나가면서 지속가능한 사회로 이행하는 전략에 대해 예비적으로 고찰하였다.[151] 토다 키요시는 『환경적 공정을 찾아서』에서 기본적으로 아나키즘에 기반해서 자신

---

151   토다 키요시(김원식 역), 1996, 6쪽

의 논지를 전개하고 있다. 김원식은 이 책을 통해 자신이 지금까지 전개해온 반핵운동의 사상적 기반이 아나키즘임을 알게 되었고, 이때부터 아나키즘을 본격적으로 연구하기 시작했다. 김원식은 1996년에 토다 키요시의 『환경적 공정을 찾아서』를 『환경정의를 위하여』(창작과비평사)라는 제목으로 번역·출판하였다.

김원식은 1993년 9월 도쿄에 갔을 때도 토다 키요시를 만났다. 그와 함께 다카기 진자부로의 원자력자료정보실을 방문했는데, 응접실에서 기다리고 있을 동안 토다 키요시가 서가에서 『지금 자연을 어떻게 볼 것인가』를 꺼내들고, "이 책이 바로 다카기 선생이 아나키스트라는 것을 말해줍니다"라고 말했다.[152]

다카기 진자부로 역시 김원식에게 많은 영향을 끼친 인물 중 한 명이다. 김원식은 1988년에 다카기 진자부로를 처음 만났는데, 그때 그의 저서들을 접하였다. 그의 글에 깊은 감동을 받은 김원식은 이후 그와 교류하는 한편, 그를 국내에 초청하거나 그

---

[152] 김원식, 2006(다카기 진자부로, 2006, 280쪽). 토다 키요시는 자신은 이러한 내용의 발언을 한 적이 없으며, 김원식이 오해한 것이라 한다. 그는 김원식에게 다카기가 머레이 북친을 인용한 사실을 지적하며 다카기가 아나키즘에 접근하고 있다는 뉘앙스의 설명은 했을지 몰라도, 다카기가 아나키스트라고 말한 적은 없다고 회고하였다. 김원식이 오해했다고 할지라도 이 오해는 김원식이 아나키즘에 친근감을 가지는 데 기여하였을 것으로 보인다.

의 주장을 국내에 소개하였다. 1993년에 토다 키요시를 통해 다카기 진자부로가 아나키스트임을 알게 되면서 아나키즘에 더욱 많은 관심을 기울였다. 이후 김원식은 다카기 진자부로와의 교류를 계속 이어가는 한편, 그와 함께 반핵운동에 참가하기도 했다. 2000년에는 다카기 진자부로가 아나키스트로서 반핵운동에 투신했던 자신의 삶을 조명한 『市民科學者として生きる』를 번역하여 녹색평론사에서 『시민과학자로 살다』로 출판하였다.

김원식의 아나키즘에 가장 커다란 영향을 미친 인물은 무카이 코이다. 김원식이 아나키스트 무카이 코를 만난 것은 1993년 8~9월 오쿠무라 에츠오[153]와 함께 시코쿠 각지를 돌면서 일본 활동가들을 방문할 때였다. 김원식은 오쿠무라의 안내로 이누야마犬山에서 무카이 코를 만났다.[154] 무카이 코와의 만남은 김원식으로 하여금 아나키즘을 자신의 사상으로 정립하게 만들었다. 김원식은 그동안 자신이 전개해온 공산주의 활동을

---

153 1992년 초에 일본 미하마원자력발전소에서 큰 사고가 발생하였는데, 이 사고에 항의하는 투쟁이 오사카 간사이關西전력회사 앞에서 3개월 반 동안 전개되었다. 회사 앞에 천막을 치고, 천막 안에서 먹고 자고 하면서 농성을 하였는데, 오쿠무라는 천막촌장으로서 투쟁을 이끌었다. 김원식은 1992년 여름 투쟁 현장에서 오쿠무라 에츠오를 처음 만났다.(김원식, 2001, 200쪽)

154 오쿠무라 에츠오의 증언

무카이 코向井孝(사진 나카지마 마사카즈中島雅 · 제공)

되돌아보면서 조직과 개인의 관계, 개인과 개인의 관계에 대해 의문을 가지게 되었고, 답을 찾아가는 과정에서 무카이 코를 만남으로써 답을 찾게 되었다. 이에 김원식은 무카이 코의 아나키즘을 자기 사상의 핵으로 삼았다. 무카이 코가 저술한 책을 몇 번이나 읽고, 직접 여러 가지 질문을 하여 무카이 코의 답변을 듣고, 무카이 코의 아나키즘에 대한 이해를 쌓아갔다.[155]

김원식은 1990년대 중반에 일본 오사카의 빈민촌인 가마가사키釜ヶ崎[156]를 방문했으며, 1995~1996년에는 한일 장애자 교류를 주선하였는데, 이때 아나키즘에 기반한 무카이 코의 직접민주주의적 시위 방식에 깊은 감명을 받았다. 무카이 코는 비폭력투쟁을 주장하며 시위를 해학과 놀이 형식으로 진행하였으며, 앞에 나서지 않고 참가자 스스로 시위를 이끌어나가게 하였다.

김원식은 무카이 코의 비폭력 직접행동론에 매료되었다. 무카이 코는 『폭력론 노트』에서 비폭력 직접행동이야말로 목적과 수단, 과정과 결과가 모순되지 않는 유일하고 지속가능한 사회변혁의 방식이라고 주장하였다. 김원식은 무카이 코를 가장 잘 이해하고 대우한 사람 중의 한 명이었으며, 무카이 코는 김원식을 지기로 여겼다.[157] 김원식은 무카이 코의 희수喜壽 연회에 참석하여 그의 장수를 축하하였다.[158] 김원식은 많은 사람

---

155   오쿠무라 에츠오, 2015, 127쪽
156   가마가사키에는 1960년대에 건설노동자들이 모여 살았으나, 1990년대 경기 침체가 시작되면서 갈 곳 없는 노숙자들이 모여 빈민촌을 형성하였다. 일본의 대표적인 우범지대 중 하나로 알려져 있다. 현재 '아이린 지구'로 행정명칭이 변경되었다.
157   "1998년 1월 19일 무카이 코가 김원식에게 보낼려고 쓴 편지"(미즈타 후, 2015, 113쪽에 수록)
158   미즈타 후, 2015, 111쪽

들에게 무카이 코의 아나키즘을 선전하기 위해 노력하였다.

아나키즘을 자신의 사상으로 정립한 김원식은 아나키즘을 전파하기 위한 활동을 펼쳤다. 1990년대 말 김원식은 보훈처로부터 제공받은 중계동 임대아파트를 아지트로 삼아 젊은이들과 교류하였다. 김원식은 중계동 아파트에 책과 자료들을 모아놓고 젊은이들로 하여금 읽게 하였으며, 이 아파트에서 젊은이들과의 모임도 가졌다. 환경정의운동에 관심 있는 사람에게는 토다 키요시의 환경정의론과 오쿠무라 에츠오의 풀뿌리시민운동을, 반핵에 관심 있는 사람에게는 다카기 진자부로의 반핵이론을, 아나키즘에 관심있는 사람에게는 무카이 코의 아나키즘을 소개하고 함께 토론하였다.[159] 그리고 일본 아나키스트 가메다 히로시亀田博를 이 아파트에 초청하는 등 젊은이들과 일본 아나키스트의 교류의 장으로 활용하기도 했다.[160]

중계동 아파트에는 김종섭이 상주하였지만, 2000년 하반기에 김종섭이 화순으로 귀농을 준비하면서 아파트를 거의 떠나다시피 하였다. 대신 윤종호가 중계동 아파트에 거주하였다. 윤종호가 이 아파트에 거주하면서 2000년 말에 상계동모임[161]

---

159   윤종호, 2015, 43쪽
160   매닉, 2015, 21쪽

이 만들어졌다. 상계동모임이란 명칭은 모임의 정체성이 뚜렷하지 않은 상태에서 이 모임의 구성원들이 다른 모임에 갔을 때 자신들을 상계동모임이라 소개한 데서 유래하였다.

상계동모임은 김원식과 관계를 맺은 20~30대 젊은이들로 구성되었는데, 토다 키요시의 『환경정의를 위하여』(김원식 역, 1996, 창작과비평사) 책 읽기 모임에서 비롯되었다. 윤종호는 2000년 10월 무렵 환경운동가 5~6인과 함께 『환경정의를 위하여』 책 읽기 모임을 하고 있었는데, 이와는 별도로 12월 초 정유선, 이동근을 매개로 『녹색평론』 독자 모임(이동근, 김경선, 강민정, 남희정, 김선운) 회원들과 접촉하여 『환경정의를 위하여』 책 읽기 모임을 하나 더 만들었다. 두 번째 책읽기 모임의 구성원들을 중심으로 상계동모임이 꾸려졌다. 김종섭은 귀농 준비 관계로 어쩌다 한 번씩 참가하였다. 조직체계는 갖추지 않았고, 출입은 자유로왔다.

몇 차례의 세미나를 통해 책 읽기가 끝난 뒤에도 상계동모임은 흩어지지 않고 자료모음집 『대안을 찾아서』 1~2 등을

---

161 상계동모임의 명칭은 상계동과는 관계가 없다. 모임원들이 주로 모인 장소인 김원식 명의의 임대아파트는 상계역과 인접한 중계동에 있었는데, 이 아파트로 가려면 전철 상계역에서 내려야 했다. 이 때문에 상계동모임이라 불렸던 것으로 사료된다.

읽고 토론하였다. 김원식도 이 모임에 종종 참가하였고, 아나키 온라인 공동체 아나클랜의 매닉·조약골·붕어·어흠 등도 간혹 참가하였다. 2001년 3월 무렵부터는 한국 아나키즘 연구자 이호룡이 잠시 합류하였다. 다니엘 게렝의 『현대 아나키즘』(신명, 1993), 머레이 북친의 『사회생태주의란 무엇인가』(박홍규 역, 1998, 민음사) 등을 읽고 토론하는 한편, 김원식의 제의로 일본어 강독도 병행하였다.[162] 일본어 강독에는 김원식(강사), 강민정, 김경선, 정유선, 윤종호, 이동근, 매닉 등이 참가하였는데, 교재로 재일교포 사학자 김정미의 『고향의 세계사-해방의 인터내셔널리즘으로故郷の世界史：解放のインターナショナリズムへ』(現代企畫室, 1996) 중 "갑오농민전쟁·일청전쟁 100년 후"를 읽기도 했다. 이후 머레이 북친의 글, 『동아시아 민중연대의 역사와 반일사상』, 『Anarchist independent Review』 10호(2001년 봄호)에 수록된 「방법으로서의 아나키즘」(무카이 코), 「스커팅Squatting(빈집 점유) 운동」, 「포스터 좌익 아나키즘! 북미 아나키즘의 현재」, 「아나키즘이란」(John Zerzan), 「머레이 북친 비판, 노동폐절론」(Bob Black) 등을 읽고, 토

---

162 김종섭, 2015, 18쪽;『환경학과 평화학』(토다 키요시, 녹색평론사, 2003)의 역자소개란;윤종호, 2015, 46~48쪽;빵돌이, 2005 등을 종합

론하였다. 2001년 5월 무렵에는 일본 환경운동가들과의 교류를 위해 일본을 여행하기로 하고 그 준비작업으로 일본어 회화 학습을 세미나와 병행하였다. 2001년 6월 중순 이후로는 일본 여행 준비와, 윤종호와 정유선의 결혼 준비 등을 이유로 잠시 휴식기를 가지기로 하였다.[163]

김원식은 상계동모임 구성원들과 일본 아나키스트들과의 교류를 추진하기 위해 젊은이들을 데리고 일본을 방문했다. 2000년 겨울 김원식은 매닉과 붕어를 일본 와세다대학 근처에 있는 아카네라는 카페에 데리고 갔다. 아카네는 아나키즘을 추구하는 이들의 아지트라 할 수 있는데, 별난 대학생들과 다메렝[164]이라 불리는 사람들, 사회운동에 관심이 있는 젊은이들, 대충 할 일 없이 넋 놓고 앉아 있는 이들, 예술하는 이들 등이 뭔가 재미있는 일이 없을까 하며 들러보던 곳이다. 김원식과 매닉은 귀국하였지만, 붕어는 일본에 잔류했다. 붕어는 일본에서 군대에 가지 않겠다고 선언하였다. 붕어의 군대 반대 선언은 국내 친구들 사이에서 엄청난 파장을 몰고 왔는데, 김원식

---

163 빵돌이, 2005
164 다메렝은 아카네에 자주 출입하는 두 명이 발행한 잡지 이름인데, '뭘 해도 안 되는 놈들' 정도의 의미를 지니고 있다.

은 붕어의 군대 반대 선언을 적극 지지하고 나섰다. 하지만 붕어는 결국 경찰에 출두해 조사를 받은 뒤 잠적하였고, 군대 반대 선언은 흐지부지해지고 말았다.[165]

2001년 8월에는 상계동모임 구성원들과 함께 7박 8일 일정으로 일본으로 갔다. 김원식, 강민정, 남희정, 산적(김종섭), 제시, 윤종호, 매닉 등이 참가하였다. 8월 1일부터 5일까지는 오사카에 있는 무카이 코의 집[166]에 머무르면서 무카이 코, 미즈타 후水田風, 나카지마 마사카즈中島雅一, 히모리 다카오 등과 비폭력 직접행동에 대한 토론을 가졌으며, 한국 아나키즘에 대해서도 토론하였다. 그리고 토다 키요시와도 긴 시간에 걸쳐 대화를 나누었다. 이외 키지무나, 인권박물관 등도 방문했다. 8월 5일 저녁에는 시코쿠四國로 이동하여 바다의 집, 안도 세이가쿠 비석과 생가, 치로링농장 등을 방문했다. 시코쿠에서는 오쿠무라 에츠오, 오쿠무라 요시미奧村吉美(오쿠무라 에츠오 부인), 다카이 히로유키高井弘之, 히데코 등과 만나 시민·주민운동, 아나키즘 등에 대해 대화하였다.[167]

---

165 매닉, 2015, 22~23쪽
166 당시 무카이 코는 이누야마로 이사하였고, 이 집은 비어 있었다. (미즈타 후, 2015, 111쪽)

오사카 아파트에서, 무카이 코의 부인 미즈타 후水田風(2001년 여름)

시코쿠 에히메현에서 기념촬영한 오쿠무리 에츠오奧村悅夫와 김원식(2001년 여름)

2001년 9월부터 상계동모임의 세미나를 재개하였다. 이대식(빈민지역 활동가), 김금호(환경단체 활동가), 김수진(대학생) 등이 한시적으로 참가하였다. 세미나를 진행하는 과정에서 현실적, 실천적 운동의 필요성이 제기되었고, 이에 상계동 모임의 실천활동을 모색하기로 하였다. 『아나키스트 사회학 서설-전문과학주의라는 환상의 비판』(야기 타다시八木正), 『북미 아나키즘의 조류』, 『해방의 인터내셔널과 침략의 인터내셔널』, 『사회생태론의 철학』(머레이 북친(문순홍 역), 1997, 솔) 등을 읽으면서, 현장의 문제에 대한 토론을 진행하였다. 현장의 문제로 '7차 교육과정'의 문제점, '과학기술에 대한 입장들' 등에 대해 토론하였다. 그리고 반전反戰보다 폭넓은 개념으로 비전非戰(전쟁, 군대, 무기, 군수산업 등을 부정)이라는 개념을 도입하기로 하였다.[168]

실천활동의 일환으로 소식지를 발간하기로 하고, 2001년 11월 26일에 『상계동모임 소식지』를 부정기 간행물로 창간하였다. 50부 정도를 발간하여 개인이나 단체들에 배송하였다. 『상

---

167 『상계동모임 소식지』 제1호(2001. 11. 26), 상계동모임;나카지마 마사카즈, 2015, 101쪽;빵돌이, 2005;미즈타 후, 2015, 111쪽 등을 종합
168 빵돌이, 2005

계동모임 소식지』 창간호에는 『Anarchist Independent Review』 제10호(2001 봄)에 게재된 무카이 코의 공개인터뷰 형식의 글 「방법으로서의 아나키즘-운동의 방법론과 아나키즘에 대한 대화」를 김원식이 번역하여 무카이 코 특집으로 게재하였고, 이호룡의 박사학위논문 「한국인의 아나키즘 수용과 전개」를 소개하였다. 그리고 2001년 9월 26일 무카이 코가 작성한 비전非戰 결의문도 수록하였다. 무카이 코는 이 결의문에서 9·11테러에 대한 어떠한 보복전쟁에도 반대한다면서 비전非戰의 입장을 끝까지 견지할 것을 표명하였다. 이외에 9·11테러에 대한 김원식과 이동근의 대담, 윤종호의 일본방문기, 상계동모임 회원들의 글 등을 수록하였다.[169]

2002년 1월 무렵 그간의 상계동모임의 활동에 대한 평가회의를 개최하였는데, 『상계동모임 소식지』 평가 과정에서 모임의 정체성과 관련한 논란이 있었다. 소식지 등을 계속 발행하자는 의견과 공부 모임에 주력하자는 의견 등으로 나뉘었다. 김종섭이 귀농하고, 2001년 말 정유선이 출산을 위해 지방으로 내려가고, 2002년 봄에는 윤종호가 3개월 일정으로 일본으

169　『상계동모임 소식지』 제1호(2001. 11. 26), 상계동모임

로 떠날 예정인 상황에서 한두달에 한번 정도 모임을 진행키로 하였다.

김원식, 윤종호, 이동근, 정유선 등은 전체적 공감대가 미흡한 『상계동모임 소식지』 발행은 그만두고, 상계동모임과는 상대적 독립관계인 편집동인의 이름으로 별도의 잡지를 발행하기로 하였다. 2002년 1~2월 무렵 『촘스키, 9·11』(노엄 촘스키 (박행웅·이종삼 역), 2001, 김영사)과 『평화적 수단에 의한 평화』(요한 갈퉁(이재봉 외 역), 2000, 들녘)를 읽고 토론하였다. 3월 이후로 박병상, 김지현, 조명숙, 황성원, 김용익 등이 한시적으로 참가하여 병역 거부와 예비군·민방위훈련 거부 문제 등에 대해 논의하였고, 6월 무렵에는 1999년 11월 30일 시애틀에서 일어난 반세계화 국제연대 시위와 관련한 비디오를 시청하고, 노동운동의 녹색화 등에 대해 논의하였다.

하지만 2002년 3월 이후 상계동모임은 모임의 빈도, 참가자 수 등에 있어 소강상태에 빠졌다. 그러다가 2002년 7월 김경선이 부안으로 귀농하고, 강민정도 결혼하여 제주도로 내려가면서 상계동모임은 흐지부지되었다.[170]

김원식, 윤종호, 정유선, 이동근 등 4명은 2002년 4월 4일 상계동모임 발행동인의 이름으로 『환경과 反차별』(부정기)을 별도로 창간하였다.[171] 이들 4명은 별도로 모임을 가지고 학습·토론하며, 해방 이후 한국 아나키즘이 아나키즘 본령에서 많이 벗어난 것으로 보고, 현재 아나키즘의 세계적 흐름을 소개하기 위하여 외국 아나키스트들의 글을 『환경과 反차별』에 게재하였다. 일본인 글 번역은 김원식이 담당하였다.

『환경과 反차별』 편집동인들은 외국 아나키스트운동의 조류를 소개하기 위해 소책자를 발간하였다. 2003년 3월 7일 무카이 코의 『폭력론 노트-비폭력 직접행동이란 무엇인가』(『환경과 反차별』 소책자 제1호)와 외국 아나키스트들의 글을 번역한 『오늘의 아나키즘』(『환경과 反차별』 소책자 제2호)을 발간하였다. 이 책자는 야기 타다시, 무카이 코, 데이브 닐, 구라 다케시, SK! 등의 글과 인터넷 웹사이트(www.infoshop.org 등)에 소개된 글 등을 번역하여 편집한 것이다. 일본 아나키스트들의 글은 김원식이 번역하였다. 그리고 2005년에는 김원식이 아키 유키오와 하시모토 마사루의 『우리 모두를 위한 비폭력 교과서』를 번역하여 도서출판 부키에서 출판하였다.

김원식은 아나키즘을 접하면서 반전평화운동으로 활동영역을 넓혀나갔다. 아나키스트들은 자신들을 둘러싸고 있는 온갖

---

170 빵돌이, 2005 ; 윤종호, 2015, 46~48쪽 등을 종합
171 『환경과 反차별』 No.1(2002. 4. 4), 상계동모임 발행동인

환경과 反차별 소책자 시리즈 1, 『폭력론 노트-비폭력직접행동이란 무엇인가』 표지   환경과 反차별 소책자 시리즈 2, 『오늘의 아나키즘』 표지

구속과 억압, 굴레 등으로부터 벗어나 자유로운 삶을 영위하기를 바라며 개인의 절대적 자유를 추구한다. 아나키스트들은 철저한 규율과 상명하복을 신조로 하는 군대는 대표적인 강권조직의 하나라고 보면서 군대 폐지를 주장한다. 일반 군인들은 상관의 명령에 따라 움직일 뿐 본인의 자유의지를 관철할 수 있는 기회를 가지고 있지 못하기 때문이다. 전쟁 또한 가진 자들의 이해관계를 확장하거나 유지하기 위해 벌이는 놀음에 지나지 않는 것으로 본다. 일반 민중들은 전쟁으로 인해 피해만 볼

뿐이라는 것이다. 하여 아나키스트들은 반전에서 나아가 비전非戰을 주장하기도 한다. 아나키스트들이 예외적으로 인정하는 군대와 전쟁이 있는데, 그것은 자율적으로 움직이는 군대와, 지배계급의 억압으로부터 벗어나기 위한 그리고 적으로부터 혁명을 지키기 위한 전쟁뿐이다.

김원식은 일본의 시민운동가들로부터 피억압자 해방 나아가 인류해방의 맹아를 보고, 1990년대 초반부터 일본과의 교류의 폭을 반핵운동에서 시민운동 전반으로 넓혀 나갔다. 먼저 일본의 반전활동가들과 교류하였다.

1991년 초에 걸프전쟁이 일어나자 일본은 1991년 4월 자위대 해외파병 금지의 관례를 깨고 소해정 등 6척의 함정을 걸프 지역에 파견하였다. 이를 계기로 일본 국내에서는 자위대 해외파병에 대한 위헌 논쟁이 활발하게 전개되었다. 한편으로는 국제사회로부터 자위대의 PKO 참가 요구가 높아지자, 국회는 1992년 6월 '국제평화협력법안(일명 PKO 법안)'을 통과시켜 자위대의 해외파병의 길을 열어놓았다. 이 법과 함께 '국제긴급원조대법'을 개정하여 해외에서의 대규모 재해 구원을 위해 자위대를 파견할 수 있도록 하였다. 오자와 이치로小澤一郎는 한반도 유사시 자위대를 파견할 수도 있다는 내용의 발언을 하였다. 중국과 한국에서는 이를 비판하고 나섰다.

김원식은 일본군이 다시 한반도에 올지도 모른다는 데서

위기의식을 느꼈다. 그는 일본 사회의 우경화에 따른 파병국가화에 대항하기 위해서는 한일 시민운동의 연계가 필요하다는 판단하에 일본 각지의 활동가들을 방문하였다.[172] 그는 1993년 8월 말부터 9월 초까지 오쿠무라 에츠오와 함께 시코쿠四國 각지를 돌면서, 다카이 히로유키와 에히메愛媛현 이마바리今治의 활동가들을 만나 일본의 한반도 재침략을 막을 수 있는 방도에 대하여 논의하였다. 강연 일정을 끝내고 오쿠무라와 함께 도쿄로 갔는데, 거기서 다카이 히로유키로부터 반전과 자위대 해외파병 반대 운동을 벌이던 사람들을 소개받고 교류하였다. 이후 히로세 다카시広瀨隆 등과 상의하여 동아시아 차원의 자위대 해외파병 반대 서명운동을 벌이기도 하였다.[173]

나아가 김원식은 일본의 재침략을 저지하기 위한 반전활동과, 과거의 침략 사실을 부정하고 재침략 의지를 표명하고 있는 일본 우익 세력의 역사인식을 비판하는 활동을 전개하였다. 1994년 후반 사회당 연립정권이 수립되면서 전후 50년을 기해 일본의 침략을 반성·사죄하는 '국회 결의' 움직임이 일어나자 일본 우익 세력들은 이를 막기 위해 동분서주하였다. 각 현 의

---

172   오쿠무라 에츠오, 2015, 125쪽
173   다카이 히로유키高井弘之의 증언

회에서 '전몰자 추도(감사) 결의'라고 하는 이름으로 침략 전쟁을 긍정하는 결의를 한 뒤, 중앙으로 나아가고자 하였다. 이러한 우익의 책동은 에히메에서도 있었다.[174]

김원식은 1990년대 중반부터 말까지 일년에 두세번 정도 에히메현의 이마바리시에 들러서 주민들과 교류하였다. 그는 에히메현 의회에 나가 기자회견을 하는 등 에히메 반전활동가들과 다양한 연대활동을 전개하였다. 이마바리시 활동가들은 김원식과의 논의 과정에서 그동안 정력적으로 실시해온 반원전 활동으로부터, 국가주의 대두와 자위대 해외파병 움직임 그리고 얼마 후 역사문제를 중심으로 하는 우익세력의 대두 등의 문제에 대한 대처 활동으로 서서히 전환하였다.[175]

김원식은 1994년부터 1996년까지 3년간 일본 히로시마 평화대회에도 참석하였다. 하지만 1996년 8월 9일을 끝으로 평화대회에는 더이상 참가하지 않았는데, 그것은 일본인이 가해자가 아니라 피해자라는 입장에서 대회를 준비하였기 때문이다.

그리고 1996년과 1998년에는 한국·오키나와沖縄 반기지운동의 코디네이터로도 활동하였다.[176] 1995년 9월 4일 오키나와

---

174   다카이 히로유키의 증언
175   다카이 히로유키의 증언

주둔 미 해병대원 2명과 미 해군 1명 등 총 3명이 여자 초등학생을 납치해 집단 강간한 '강간치상 및 체포 감금 사건'(오키나와 미군 소녀 폭행 사건)이 발생하면서 오키나와에서 미군기지 반환운동이 일어났다. 김원식은 한일 민중연대가 중요하다며 한국의 평택 미군기지 문제 해결을 위해 노력하고 있던 김용한(주한미군기지 반환운동연대 집행위원장)을 오키나와 미군기지 반환운동과 연결해주었다. 국경을 넘어선 민중연대(개인)가 필수적이라고 생각하고 있던 김원식은 특별히 주의하여 인선한 한국 반미군기지운동가에게 한국과 일본의 반미군기지운동 연대의 의의를 설파하였고, 김용한은 반일감정에 휩싸여 오키나와 방문을 반대하는 동료를 설득해 오키나와 미군기지를 방문하였다. 김원식은 1996년 8월 8일부터 10일에 걸쳐 통역을 맡았다. 오쿠무라는 중개자로서 오키나와에 동행해 오키나와 미군기지 시찰과 주민 교류를 진행했다. 이를 계기로 오키나와와 한국의

---

176 『환경학과 평화학』(토다 키요시, 2003, 녹색평론사)의 역자소개란. 1995년 9월 4일 오키나와현에 주둔하고 있던 미군 3명(해병대원 2명과 해군 1명)이 여자 초등학생을 납치하여 집단강간한 강간치상·체포감금사건(오키나와소녀폭행사건)이 발생하였다. 오키나와에서는 반미군기지반환운동이 불타올랐다. 김원식은 오키나와 미군기지를 방문하고 주민들과 교류하였다.

미군기지 반환운동의 교류와 연대가 이루어졌다.[177]

김원식의 반전평화운동은 2000년에도 이어졌다. 당시 자주평화통일민족회의 고문이었던 김원식은 이수갑李壽甲(민족정기수호협의회)과 함께 에히메 등 일본 각지를 돌아다니며 한일의 반전평화 연대를 호소하였다. 2000년에 '주변사태 시 일본의 평화와 안전을 확보하기 위한 조치에 관한 법률'이 공포되었는데, 이에 대한 반대운동이 에히메에서 일어나자 김원식은 "군사력을 강화하고 민중에 대한 지배와 억압을 고정화하려는 일·미 양 정부에 대해 국경을 넘어 민중이 연대하여 싸우자"라고 하면서 에히메의 활동가들과 연대하였다.

그리고 미군기지 건설반대투쟁에도 연대하였다. 나고名護시에 미군의 헬기장 기지를 건설하는 것에 대한 찬반투표를 실시했는데 반대표가 다수였다. 나고 시장이 이를 무시하고 기지 건설을 추진하자, 나고 시장 소환운동이 일어났다. 나고 시장을 소환하자는 내용의 전단이 집집마다 배포되었는데, 이 전단을 받아보고 이를 지원하는 캠프에 이수갑과 함께 '일·미의 아시아 침략에 반대하는 한국위원회'(김원식)와 '주한 미군 범죄 근절

---

177   오쿠무라 에츠오의 증언

을 위한 운동본부'(김용한)의 명의로 이름을 올렸다.[178]

1990년대 후반에는 재일교포 역사학자 김정미와도 교류하기 시작하였다. 1998년에 그녀가 주도한 조선인 노동자 이기윤·배상도[179] 추모식에 참가하였다. 김원식은 김정미와의 교류를 통해 일본이 일제강점기뿐 아니라 현재까지 한국을 지배하고 있는 실체를 파악할 수 있었다.

김원식은 역사를 왜곡하는 일본 역사교과서를 비판하는 활동

---

178 오쿠무라 에츠오의 증언
179 1925년 1월 16일 미에현 三重縣 남해안 터널공사가 시작되었다. 이 공사에 조선인 200여 명이 종사하였지만, 공사가 끝난 1926년 1월 무렵에는 가족을 포함하여 조선인 70명 정도가 남아 있었다. 1926년 1월 3일 재향군인과 청년단원, 소방수 등의 주도하에 기모토木本의 주민들이 집단으로 기모토중학교 부근에 있는 조선인 노동자 함바를 습격했다. 그 이유는 "공사에 종사하는 조선인들의 태도가 방약무인하며, 돈도 없이 음식을 먹으며, 상품값을 떼어먹는다"는 것이었다. 이들의 습격으로 이기윤과 배상도가 참살되었다. 사건이 발생한 후 키모토경찰서는 가해자를 조사하지 않고 오히려 조선인들을 체포하여 수사하였다. 1월 7일 체포된 조선인 가운데 윤정진尹貞鎭 등 20명의 조선인이 소요죄로 예심재판소에 송치되었고, 예심에 회부되지 않은 조선인 30명은 경찰의 감시 아래 토바鳥羽로 이송되었다. 일본인들에 대한 체포는 1월 10일부터 시작되어, 20명의 주민이 취조를 받았으나, 7명만이 구류되었다. 미에현에서 학살된 조선인들을 추모하는 추도비가 1994년 김정미의 주도하에 세워졌다.

도 전개했다. 2001년 8월 '에히메현교육위원회'는 '새로운 역사교과서를 만드는 모임'이 저술한 역사교과서를 채택하였다. 이 역사교과서는 일본제국의 역사를 긍정적으로 바라보는 입장에서 서술되었다. 2002년 7월 10일 '새로운 역사교과서를 만드는 모임'이 저술한 역사교과서를 채택한 것은 지사知事의 위법한 정치개입에 의한 잘못된 것이라며 이를 무효화하기 위한 소송(교과서위법·위헌채택손해배상청구사건敎科書違法·違憲採択損害賠償請求事件)이 제기되었다. 재판은 마쓰야마松山지방재판소에서 진행되었다. 한국의 역사학자, 노동단체, 종교단체 등 90개 단체로 구성된 '일본 교과서 바로잡기 운동본부'(현재 '아시아 평화와 역사교육 연대')의 11명이 원고로 참가하였는데, 김원식도 그 중의 한 명이었다. 김원식은 2003년 4월 23일 제3회 구두변론에서 '새로운 역사교과서를 만드는 모임'이 저술한 교과서가 사용됨으로써 입는 정신적 고통을 일제강점기 자신의 체험을 바탕으로 해서 진술하였다.[180]

김원식은 일본의 신사회운동을 천황제도를 타파하고 민중이 전체를 지배하는 운동을 지향하고 있는 반체제운동으로 파악하였다. 그리하여 일본의 천황제에 대한 연구서를 번역하여

---

180   오쿠무라 에츠오의 증언

출판하였다. 그가 번역한 책으로는 가리야 데쓰의 『천황을 알아야 일본이 보인다』(세계인, 2002)[181]가 있다.

『환경과 反차별』 편집동인들은 2001년 9·11테러 이후 반전평화에 대한 문제의식에 공감대를 형성하였다. 이들은 미국의 아프가니스탄 침공 1주년을 맞아 이를 비판하는 행사를 하였다. 아나클랜 멤버 몇 명과 함께 서울 신촌 홍익문고 앞에서 촛불과 손팻말을 들고 침묵시위를 벌이며 피켓팅을 하였다. 9·11테러와 아프카니스탄전쟁에 이어 2003년에 이라크전쟁이 발발하자, 김원식, 윤종호, 정유선, 이동근 등 상계동모임 발행동인들은 '전쟁과 군대없는 세상'이 이 시대의 화두라고 여기고, 『환경과 反차별』의 제명을 5호(2003. 1. 17)부터 『비전非戰-전쟁·군대 없는 세계로!, 환경과 反차별』로 바꾸었다. 『비전非戰-전쟁·군대 없는 세계로!, 환경과 反차별』은 『환경과 反차별』 편집동인의 이름으로 발행된 제6호(2003. 4. 28)를 끝으로 발행이 중단되었다.

『환경과 反차별』 편집동인들의 반전평화운동은 WRI(War Resisters' International)-Korea 결성으로 이어졌다. 김원식, 윤종호, 이동근, 정유선 등은 2002년 1월경 무렵 개최된

---

181 2007년에 길찾기 출판사에서 『일본인과 천황』이라는 제목으로 재출판하였다.

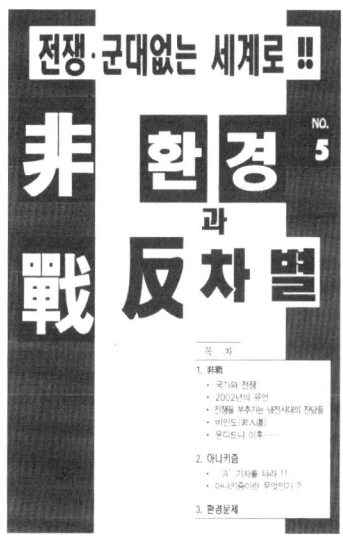

환경과 反차별 편집동인, 「非戰, 환경과 反차별 No. 5」 표지

상계동모임의 활동에 대한 평가회의에서 WRI-Korea를 준비하자는 의견이 제시된 이후 이와 관련한 논의를 계속하였다. 김원식, 윤종호, 이동근, 조약골, 한상진 등은 WRI 한국지부로 활동하기로 합의하였다. 2003년 3월에 WRI 사무국 안드레아스펙Andreas Speck이 한국을 방문하자, 김원식, 윤종호, 이동근, 조약골 등이 그와 면담을 하였다.

2003년 8월 15일 김원식, 윤종호, 고노 다이스케, 정유선, 이동근, 매닉, 조약골, 한상진, 무명 등이 WRI-Korea를 창립하였으며, 8월에 WRI 가입신청을 하였다. 9월에는 가입승인 결정을 통보받았다. WRI-Korea는 비전非戰-탈군사화, 글로벌 정의, 환경정의 등을 활동목표로, 비폭력 직접행동을 방법론으로 채택하였다. WRI-Korea는 2종의 스티카를 제작하여 배포하고, 2003년 9월에 WRI-Korea 소식지 준비 1호를 발간하여 WRI를 소개하였지만, 누가 책임있게 활동할 것인가 등 후속 논의가 지지부진해지면서 뿔뿔이 흩어지고 말았다.[182]

2001년 9·11테러를 빌미로 미국이 아프가니스탄을 침공하고, 뒤이어 2003년에 이라크를 침공하자, 이에 반대하는 시위가 전 세계적으로 일어났다. 전 세계 60개국, 600개 도시에서 1500만 명 이상이 거리로 나와 미국의 이라크 침공에 항의하는 시위를 벌였다. 서울에서도 반전행동의 날인 2월 15일 대학로 마로니에공원에서 반전집회가 열렸다. 김원식은 아나클랜 멤버들의 제의로 집회에 참가하였다. 그는 사과 상자를 잘라 그 위에 "비전非戰"이라 적은 피켓을 목에 걸었다. 종이박스 조각을 이용하여 피케팅을 한 것은 김원식이 처음으로 도입한 방식이었다. 옆에는 『비전非戰-전쟁·군대 없는 세계로!, 환경과 反차별』을 쌓아놓고 팔았다.[183] 3월 22일과 29일에도 종묘 앞에서

---

182 『비전非戰-전쟁·군대 없는 세계로!, 환경과 反차별』 WRI-Korea 소식지 준비 1호(WRI-Korea, 2003. 9. 27); 빵돌이, 2005; 윤종호, 2015, 50쪽 등을 종합

① 이라크전쟁 반대 시위 당시, 아스팔트 바닥에 분필로 반전 메시지를 적고 있는 김원식(사진 매닉 제공) ② 이라크 파병 반대 시위 당시, 한국군의 이라크 파병 반대 피켓을 목에 걸고 시위에 참석한 김원식, 옆에 기타를 든 이는 조약골 ③ 9·11 테러 1주년을 맞아, 서울 홍대역 인근에서 피켓을 들고 젊은이들과 함께 침묵시위하는 김원식 ④ 2003년 서울 등지에서 연일 벌어지고 있던 이라크전쟁 반대 시위에서 과일 박스 등을 재활용하여 직접 만든 피켓을 들고 서울 혜화동 대학로에서 시위에 참가하고 있는 김원식

이라크전쟁 반대 시위에서의 소책자와 반전 스티커 가판 현장

"非戰, 군대 반대" 현수막을 들고 이라크전쟁 반대 시위에 참가

이라크 침공에 항의하는 집회가 개최되었다. 김원식은 상계동모임 회원 윤종호·정유선 등과 함께 시위에 참가하였다. 윤종호와 정유선은 A4 크기의 검은 천에, 김원식은 박스 종이 위에 "비전非戰"이라는 구호를 적은 뒤 그것을 들고, "반전反戰"이라 적은 손팻말을 든 시위대와 함께 행진하였다. 29일 집회에는 김원식, 윤종호, 조약골, 매닉, 그 외 아나클랜 멤버 몇 명이 참가하였으며, 종묘 입구와 집회 현장 등에서 소책자 무카이 코의 『폭력론 노트』와 『오늘의 아나키즘』을 팔았다.[184]

김원식은 2004년 11월 조약골, 이헌석 등과 함께 도쿄에서 열린 제1차 '반전과 저항의 축제 페스타'에 참가하였다. 2005년에는 나카지마 마사카즈와 '반전과 저항의 축제 페스타' 주최 멤버들이 서울을 방문했다.[185]

2000년대 후반기에 들어 김원식은 체력의 한계를 느끼고 점차 삶을 정리하기 시작했다. 2008년 가을 토다 키요시를 마지막으로 만나기로 하고 윤종호와 함께 2박 3일간의 일정으로 일본 나가사키에 다녀왔다. 그리고 자신이 존경하던 무카이 코의 『아

---

183 김소희, 2003
184 윤종호, 2015, 49쪽 ; 고노 다이스케, 2015, 86~87쪽 등을 종합
185 이헌석, 2015, 74쪽 ; 나카지마 마사카즈, 2015, 101~102쪽 등을 종합

나키스트들 '무명'의 사람들』(『흑黑』 발행소, 2005)을 한국어로 출판하자고 윤종호에게 제안했다. 무명인이라는 출판사를 등록까지 하였으나 번역상에 문제가 생겼다. 오사카 방언 등이 심하여 번역하기가 어려운 데다, 지금까지 번역한 것조차도 김원식 스스로 흡족하게 여기지 못하였다. 이에 완역이 아닌 일부라도 번역하여 출판하고자 하였으나, 결국 출판을 하지 못하였다.

2011년 3월 11일 일본에서 후쿠시마원자력발전소 사고가 일어나자, 김원식은 윤종호에게 '마지막 부탁'이라며 반핵운동에 뛰어들 것을 종용하였다. 먼저 반핵아시아포럼-코리아No Nukes Asian Forum Korea를 결성할 것을 제안하였다. 윤종호는 김원식의 요청에 따라 고노 다이스케, 이헌석 등과 의논하면서 반핵아시아포럼 코리아 결성 준비작업에 들어갔다. 하지만 준비작업은 순조롭게 진행되지 못하였다. 결국 몇 달간의 의논 끝에 반핵아시아포럼 코리아 결성은 포기하고, 원자력발전소 주변지역과 현안 소식을 전하는 반핵신문을 만들어 보급하기로 결정하였다. 그리고 반핵 전문가가 부재한 한국의 현실에서 국내 반핵운동을 뒷받침해줄 수 있는 이론적·실천적 내용들을 책으로 발간하기로

---

185   이헌석, 2015, 74쪽;나카지마 마사카즈, 2015, 101~102쪽 등을 종합

하였다. 서울과 지역 반핵활동가들과의 협업 등을 통한 연계와, 일본 원자력자료정보실 반 히데유키(伴英幸) 대표와 반핵아시아포럼 사토 다이스케 사무국장 등의 협조를 구하여 2012년 1월 월간 『탈핵신문』 창간준비 1호를 발간하였다. 그리고 무명인출판사(대표 윤종호)에서 2013년에 고이데 히로아키(小出裕章)의 『후쿠시마 사고 Q&A-핵발전과 방사능』을 번역·출판하였다.[186]

80대 후반이 되면서 김원식은 고문 후유증을 심하게 앓았다. 2010년 4월 허리 디스크로 수술을 받는데, 마취에서 덜 깨어나 몽롱한 상태에서 환상에 시달렸다. 경찰이 잡으러 온다면서 링거 바늘을 빼달라고 하다가 빼주지 않자 본인이 직접 빼려고 하였다. 옆에 있는 사람한테도 "빨리 도망가라"고 외쳤다. 1958년 체포될 때의 상황이 재연되는 것처럼 느껴진 것이었다. 정신을 잃어버리는 상황도 종종 일어났으며, 그럴 때마다 발작을 하였다. "밖에 그들이 왔다"고 외치기도 하였으며, 병문안 온 사람들에게 "너, CIA지"라고도 하였다. 오뉴월인데도 춥다며 문을 닫으라고 소리를 질렀다. 이후 치매가 진행되었으며, 2012년 5월에는 방에서 넘어져서 왼쪽 대퇴골이 부러져 입원하였다. 이후 지적 활동

---

186   윤종호, 2015, 50~53쪽

부인 이영구와 함께 구순 생신 기념 촬영(사진 조약골 제공)

은 거의 불가능해졌고, 나중에는 위암까지 발병하였다. 결국 몇 년에 걸친 투병 끝에 2013년 9월 12일 사망하였다.[187]

시신은 생전의 약정대로 가톨릭대학병원에 기증되었다. 몇

---

187 고노 다이스케, 2015, 90~92쪽; 김성재, 2015, 15쪽; 윤종호, 2015, 53쪽 등을 종합

'김원식을 추모하는 사람들'이 1주기 즈음에 괴산군 소수면 수리 비석동산에 세운 목비(木碑) '아나키스트 김원식 물망비'와 (사)대한노인회 괴산군지회에서 김용응(김원식의 조부), 김대식(김원식의 부)의 애국 정신을 기리기 위해 설립한 부자독립운동공적비(父子獨立運動功績碑).

달 뒤 가톨릭대학병원으로부터 되돌려받은 시신을 화장하여 수리 고향집 뒤뜰인 비석동산 큰 느티나무 밑에 봉분 없이 평장으로 묻었다. 1주기 때 유골함을 묻은 곳 근처에 김원식의 유언대로 "아나키스트 김원식 물망비"라고 새긴 목비를 세웠다. 석비石碑가 아닌 목비를 세운 것은 세월이 흘러 썩어 없어지도록 하라는 김원식의 요구에 따른 것이었다.

'김원식을 추모하는 사람들'이, 1주기 즈음에 발간한 『나와 김원식』(한국어판·일본어판 2종, 비매품, 2015. 1. 15) 소책자 표지와 뒷표지. 뒷표지 아래 사진은 김원식 1주기에 괴산군 소수면 수리 비석동산에 모여, 추모 모임을 진행한 뒤 목비 옆에서 다 함께 찍은 기념사진(왼쪽부터 이덕희, 이동근 부부, (뒷줄) 조약골, 사토우 다이스케, 고노 다이스케功能大輔, 다카이 히로유키高井弘之, 박병상, 이헌석, (앞줄 앉은 이) 이호룡, 김종섭, 이용식, 김성재(김원식 아들), (중간줄 선 이) 이영구(김원식 부인)와 친척 2명, 김만응(친척)

맺음말

김원식은 출옥 이후 새로운 사상을 모색하였는데, 그 사상은 몽상에 그치지 않고 실천을 할 수 있는 사상이어야 했다. 그래서 어떠한 사상이 옳다고 인식되면 거기에 몰두해서 알아보고자 했다. 국내 진보적 인사들과의 교류를 통해서 자신이 가고 있는 길이 옳은 것임을 자각하게 되었다. 그는 자신의 새로운 인식과 활동이 모두 아나키즘에 입각한 것임을 알게 되면서 아나키즘을 연구하였다. 아나키즘적 입장에서 권위를 내세우지 않고 자신을 낮추었으며, 젊었을 때 영웅대망론을 견지하면서 영웅주의에 물들었던 것을 자아비판하였다. 그리고 독립적 개인, 비폭력, 직접행동을 아나키즘의 3대 원칙으로 설정했다.[188]

 김원식의 아나키즘은 몇 가지로 요약된다. 첫째, 반봉건주의이다. 김원식은 아나키즘을 수용하기 전부터 집안에 남아 있는 봉건적 잔재를 크게 문제로 삼고 그것을 청산하는 데 주력하였다. 다행히 사회주의를 접했던 할아버지와 계몽운동가였던 아버지가 봉건주의에 반대하였기 때문에 봉건적 잔재를 비교적 쉽게 청산할 수 있었다. 해방 후 할아버지는 여름이 다 가기 전에 조상의 신주神主를 모신 사당을 혁파하였다. 하지만

---

188 윤종호, 2015, 42쪽

집안 사람들은 봉건적 사고에서 벗어나지 못하였다. 할아버지와 아버지가 망명하였을 때 할아버지 사촌이 족보를 가져가고 일부 재산도 가져갔다. 작은할아버지는 김원식이 정실의 자식이 아니므로 양자를 들여야 한다고 주장하였지만, 증조부가 이를 받아들이지 않아 김원식이 종손의 자리를 유지했다.

김원식은 출옥한 후 마지막으로 남아 있는 노복을 불러놓고, "아저씨, 잘 들으세요. 오늘부터는 아저씨라 부르고 높임말로 이야기합시다"라고 말한 뒤 큰절을 하는[189] 등 봉건적 신분제도에서 탈피하고자 했다. 그리고 종조부가 제사 복원을 종용하자 증조부와 고조부 제사는 종조부가 지내라면서 제사를 떼내 주었다.

군청에서 김원식의 시골집과 정자를 문화재로 지정하여 보존하겠다는 연락을 해왔다. 김원식은 이를 거절하였다. 시골집과 정자는 봉건적 잔재에 불과할 뿐 대단한 가치를 지니고 있는 것이 아니라고 인식하였기 때문이다. 김원식은 시골집과 정자의 문화적 가치를 고려하지 않고 집과 정자를 방치하였는데, 그 결과 기와집 5채 중 4채가 쓰러지고 정자도 쓰러지고 말았다. 남동생인 김형식이 살고 있던 나머지 한 채(사랑채)도 다

189　이영구, 2015, 9쪽

현재 남아 있는 김원식 생가의 일부(사랑채). 괴산군 소수면 (수리) 수동길 18(2016년)

쓰러져 가고 있었다.

　김원식이 본처 및 본처 소생의 자식들과도 연락을 하지 않은 것도 그들이 봉건적 사고에서 현재 부인을 억압했기 때문이었다. 김원식은 서울로 올라온 이후 그들과는 꼭 필요한 경우를 제외하고는 관계를 하지 않았는데, 1998년 초에 죽을 때를 대비해서 본처 소생의 자식들을 찾아갔다. 본처의 묘지 자리를 지정해주고, 본인은 매장하지 않고 화장할 것이며, 묘도 만들지 않고 뿌릴 것이라고 전했다. 고향에 간 김에 종친회에도 참석하였다. 김원식은 그동안 종친회를 봉건적 사고에 기반한 이권단체로 보고 일절 참석하지 않았다. 족보도 만들지 않았다. 종친회에 참석한 그는 자신은 앞으로도 계속 종친회에 나오지 않을 것이며, 종친회는 봉건적 잔재에 불과하다고 선언하였다.

김원식은 우리 사회에 봉건적 신분제도의 잔재가 남아있는 것은 부르주아혁명을 경험하지 못하였기 때문인 것으로 인식했다. 북한의 김일성 우상화도 이러한 봉건적 사고를 이용한 것으로 파악하였다.

다음은 탈권위주의이다. 김원식은 일상생활에서도 지위나 나이를 내세워 다른 사람들을 억누르지 않으려고 노력하였다. 점잔을 빼며 노인 행세를 하지 않았으며, 손자뻘의 젊은이들과도 스스럼없이 어울렸다. 때로는 홍대 입구 물물교환 장터에서 젊은이들과 함께하거나, 요란하고 시끄럽게만 느껴지던 핑크락밴드 공연에도 함께하면서 낄낄거리고 웃기도 하였다.[190]

그는 젊은이들로부터 그냥 할아버지라 불려지기를 원했으며, 소외된 인디밴드, 멸시되는 외국인 노동자, 무직 또는 실직을 선택한 남녀 젊은이들과 격의 없는 대화를 나누었다.

그는 젊었을 때부터 탈권위적 태도를 지니고 있었다. 남조선노동당원으로서 지하활동을 할 때에도 조직책으로서 권위

---

[190] 김종섭, 2015, 19쪽

를 내세우지 않고 세포 구성원들의 발언권을 인정하였으며, 일방적인 명령이나 지시를 내리지 않고 토론을 통해 그들과 소통하면서 의견을 모아냈다. 출옥한 이후 아나키즘을 수용하면서 그는 조직 자체를 만들지 않았으며, 어느 단체에서도 감투를 써본 적이 없었다. 그리고 사람과의 관계에서도 상하관계를 만들지 않았다. 환경운동을 하면서도 조직의 수장이 되려고 하지 않았으며, 자신의 명성을 내세우지 않고 일반시민의 자격으로 활동하였다. 조직이나 파벌을 만들지 않고, 재정이나 정보의 투명성을 강조하였다. 그리고 간부진의 권위주의적이고 비민주적인 사고나 행위를 비판하면서, 일방적 지시에 응하는 방식의 사회운동에서 벗어나야 한다는 것을 강조하였다.[191] 그는 한국의 사회운동에 대해 소수 운동가 중심의 권위주의적 운동으로 사실상 시민이 없다고 신랄하게 비판하였다.[192]

셋째는 비폭력직접행동론이다. 김원식은 젊은이들을 만날 때마다 비폭력 직접행동에 대해 이야기하였다.[193] 상계동모임 회원들과 일본을 방문하였을 때도 그들과 함께 무카이 코를

---

191 박병상, 2015, 30쪽
192 김종섭, 2015, 18쪽
193 김종섭, 2015, 19쪽

방문하여 비폭력 직접행동에 대해 대화하였다.

넷째, 평화주의를 제창하였다. 지금 시기 혁명과 전쟁에는 많은 피가 수반되는바, 해방전쟁도 마찬가지라고 주장하였다. 6·25전쟁은 미소의 냉전논리에 의해 치러진 대리전쟁인 것으로 인식하였으며, 한반도에서 다시 전쟁이 일어나면 최소한 1,000만 명이 죽을 것이라고 예상하였다. 한국에서 가장 큰 과제는 통일이라고 주장하였다.

다섯째, 직접민주주의를 제창하였다. 김원식은 남조선노동당 시절부터 말단조직인 세포에서는 직접민주주의를 시행하였다. 결정된 사항은 모두가 준수해야 한다는 제약을 두었지만, 결정되기 전에는 활발한 토론을 통해 의견을 하나로 모으고자 하였다. 김원식은 자본주의사회를 극복하고 새로운 사회로 나아가기 위해서는 직접민주주의 공동체를 만들어가야 한다고 주장하였다.

여섯째, 공산주의를 비판하였다. 1999년 시점에서 김원식은 지난날 자신이 전개해 왔던 공산주의 활동에 대해 반성적 태도를 취하였다. 공산주의자로서 죽음을 무릅쓰고 투쟁하였지만, 결국 그것은 또 다른 지배계급을 만드는 것에 불과했다는 것이다. 그는 유물사관을 부정했고, 북한의 지도층과 민중의 괴리를 지적하면서 북한의 체제를 비판하였다.

일곱째, 김원식은 근본에 충실하고 객관적 태도를 취하고자 하였다. 김원식은 사고의 유연성을 강조하면서도 근본에 충실하고자 했다. "나는 언제나 '뭐든 완전한 것은 없다'라는 입장으로 스스로를 비판하며, 상대를 잘 관찰하여, 어제 생각한 것을 오늘 다시 바꾸는 것에 조금도 주저하지 않을 것을 마음에 새기고 있다. 하지만 근본적인 심정은 조금도 바꾸지 않는다"는 점을 강조하였는데, 여기서 근본적인 심정이란 인간 해방, 민중 해방을 위해 싸운다는 것이다.[194]

그는 자아비판에 철저했으며, 자신의 공을 내세우지 않고 철저하게 객관적으로 평가하고자 했다. "나 자신의 업적을 내세우지 않는다"는 신념하에 할아버지와 아버지를 국립묘지로 모시라는 것도 거절하였다. 동네 사람들이 할아버지와 아버지의 독립운동 경력을 칭송하는 '부자독립운동공적비'를 세웠지만, 김원식은 이에 일절 관여하지 않았다. 비 제막식에는 김원식도 참석하기로 하였으나, 독감에 걸려 참석하지 못하였다. 김원식이 비 제막식에 참석하려고 한 것은 할아버지와 아버지가 독립운동을 하다가 감옥살이를 한 것은 맞으나, 객관적으로 평가하자면 끝까지 하지 못하고 중도에 일제와 타협하였다는 것을 말하기 위해서였다. 즉 할아버지가 독립운동에 투신한 것은 출세길

---

194   조약골, 2015, 84쪽에서 재인용

 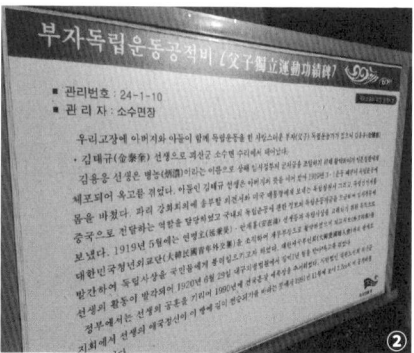

① 김태규(김원식의 부)가 1990년 대한민국 정부로부터 받은 건국훈장 애족장 ② 괴산군 소수면 수리 비석동산에 있는, 국가보훈처 지정 현충시설인 부자독립운동공적비 안내문

이 막혔기 때문이며, 그것도 끝까지 독립운동에 종사하지 못하고 국내로 들어왔으며, 아버지도 공산주의자들이 치열하게 투쟁하고 있을 때 농촌에서 치부에만 골몰하였을 뿐이라는 것이다.

여덟째, 김원식은 온갖 지배와 강권에 저항하였다. 그는 지배계급에 대한 부단한 저항은 역사발전에서 매우 중요한 에너지로서 작용하는 것으로 인식하였다. 설사 이러한 저항이 성공하지 못하더라도 지배계급으로 하여금 스스로를 개혁하게 만든다는 것이다. 그는 투쟁을 신으로 규정하면서, 투쟁하지 않으면 질 수밖에 없으며, 오늘 싸우는 것은 승리를 향해 가는 과정이라 하였다. 그는 "자전거는 페달을 밟지 않으면 쓰러지듯 투쟁을 계속해야만 하는 것이고, 지금까지 우리는 반역운동을 잘 전개해 왔고, 이겨서 여기까지 왔다"는 것을 자신의 철학이요 인생관으로 규정하였다.

김원식은 해방 이후의 한국 아나키즘에 대해서는 비판적 입장을 취했다. 나아가 한국 아나키즘에 사망선고를 내리기까지 하였다.[195]

최대의 강권인 국가를 인정함으로써 아나키즘 본령에서 한참 벗어났다고 파악하였기 때문이다. 그는 기존의 아나키스트들을 사이비 아나키스트로 규정하고, 1980년대 후반 이후 남한에서 자생적으로 등장하기 시작한 젊은 아나키스트들과 교류하면서 한국 아나키즘의 새 지평을 열었다.

김원식이 국내 환경운동에 미친 영향은 상당히 크다. 그가 번역·소개한 환경, 평화, 반핵 관련 서적은 척박했던 국내 환경운동의 이론적 토대를 마련하는 데 크게 기여하였으며, 그의 국제 연대활동 역시 국내 환경운동 발전의 밑거름이 되었다. 그가 창설을 주창한 반핵아시아포럼은 지금까지 이어져 오고 있으며, 현재도 아시아 반핵운동 연대 활동을 적극적으로 이끄는 국제 연대의 거점이 되고 있다.

---

195 매닉, 2015, 24쪽

김원식 연보

1923년 4월 26일 충북 괴산군 소수면 수리 495번지에서 아버지 김태규 金泰珪(1896~1962)와 어머니 최옥순 사이에서 2남 2녀 (본처 소생 포함) 중 장남으로 태어남.

1930년 괴산보통학교 입학.

1936년 괴산보통학교 졸업.

1937년 청주고등보통학교 입학.

1942년 청주중학교 졸업.

1945년 8월 15일 일제의 항복선언.

8월 20일 서울로 올라감.

1945년	경성제국대학 보충생 모집에 응시·합격하여 예과에 적을 둠.
1946년	원주 육민관고등학교에서 잠시 교사를 하면서 많은 후원금을 기부. 국립서울대안 반대투쟁에 참가.
1947년	서울대에 편입.
3월	서울대 민주학생연맹에 평맹원으로 가입.
가을	남한단독선거 반대투쟁에 참가.
1948년	남조선노동당에 입당원서 제출. 남조선노동당의 밀명으로 학내에서 학도호국단 반대에 관한 선전선동 작업을 하다가 서대문서에 피검. 학교로부터 교수회의에 출석하라는 통지를 받고 제적당함.
여름	전단을 살포하다가 2번째로 체포됨.
8월 하순	수사기관으로부터 탈출한 백승준을 목포로 도피시킴.
가을	남조선노동당 서울시당 학생구당 EC지구당 위원장에 임명됨.
1950년 6월 25일	6·25전쟁 발발.
6월 29일 밤	서울대 문리과대학 학장실에서 개최된 남조선노동당 관계자 회의에서 전선으로 나갈 것을 결의하는 내용의 결의문 발표.

| *30일 저녁* | 서울 내자아파트에 있던 당을 찾아감. 이후 이기석부대 (사령관 이기석, 부사령관 김석대)에 편입되어 전선으로 내려감. 내려가는 도중에 정치조직에 편성됨. 문경 근처에서 후퇴하여 영주로 감. 영주에서 조직개편이 이루어져 예천군당 소속으로 변경됨. 권태두, 노옥희 등과 함께 예천으로 가서 예천군당을 복구함. 다시 부대 편제가 개편되어 의성군당에 소속됨. 위원장이 없는 상태에서 위원장 역할을 맡아 서울대 수학과 1학년 노한택과 함께 의성으로 감. 선전작업이 어느 정도 궤도에 오른 상태에서 당의 명령으로 안동으로 감. 경북도당 소속으로 편입됨. |

8월 말~9월 초 당의 심사를 받고 내무부로 발령이 남.

9월 말 과장대우로서 선무작업을 하다가 추석(9월 26일) 이후 후퇴명령으로 안동을 떠남.

1951년 중공군이 강원도로 들어오자 1월에 그동안 머물고 있던 원주의 송진수 집을 떠나 피난민과 함께 남쪽으로 내려감. 중공군을 맞이하러 충주로 감.
인민군이 원주에서 더 이상 남하하지 않자 충주를 떠나 청주로 감. 그 과정에서 강원도청출장소에서 가짜 도민증을 만듦. 청주의 윤욱현의 집에 머물면서 북한으로 갈 자금을 마련한 뒤 월북을 시도하였으나 실패함. 영어학원을 경영하였으나, 고향 후배의 밀고로 경찰서에 잡혀감.

1952년 경찰서에서 무사히 풀려난 뒤 청주에 더 이상 있지 못하고 부산과 대구를 정찰하기 위해 부산으로 감. 부산에서 이영구를 만남. 정찰을 끝내고 청주로 갔다가 다

	에서 이영구를 만남. 정찰을 끝내고 청주로 갔다가 다시 대구로 가서 공사장에서 일용노동을 함.
1953년 2월~3월	하기락의 주선으로 경남 안의로 가서 안의고등학교 교사로 취업함.
1953년	안의고등학교에서 1년간 재직하면서 몇 명의 학생들을 대상으로 공산주의 교육을 함.
1954년 3월	약 1년간 머물렀던 안의를 떠나 서울로 올라가서 지하조직활동을 시작함.
여름	김용조와 함께 학습조를 조직·운영하고, 방학기간 동안 당학교 운영.
1955년~1958년	반미와 평화통일을 선전하는 내용의 전단 살포
1958년 6월	활동자금을 마련하기 위해 부산에서 미군으로부터 금품을 강탈하고자 하는 테러활동을 전개했으나 실패로 끝남.
7월 30일	반미삐라사건으로 체포됨.
1959년 9월 18일	대법원에서 징역10년형이 확정됨.
1968년	만기 출옥하여 고향으로 내려감. 2년 정도 뒤 본처와 관계를 끊고 이영구와 함께 어머니를 모시고 서울로 올라감.
1970년대 말	환경 문제 관련 세미나에 참석하는 등 환경 문제에 관심을 가짐.

1970년대~1980년대	가톨릭, 개신교, 원불교, 불교 등 4대 종교계를 섭렵함.
1981년 12월 15일	한국공해문제연구소(이사장 함세웅)가 한강성당에서 설립됨.
1984년 12월	반공해운동협의회가 결성됨. 반공해운동협의회는 1987년에 공해추방청년협의회(이하 공추협)로 개칭하고 대중조직으로 전환함.
1986년 4월 26일	체르노빌원자력발전소 사고 발생.
9월	공해반대시민운동협의회(이하 공민협)가 결성됨.
1988년	다카기 진자부로高木仁三郎를 처음 만남. 그의 영향하에 반핵운동에 뛰어듬. 피지배자인터내셔널을 결성할 것을 주장함.
9월 10일	공추협과 공민협을 통합하여 공해추방운동연합(공동대표 서진옥, 이덕희, 최열 ; 이하 공추련)이 결성됨.
10월 25일 *~11월 20일*	공추련이 주관하는 '공해추방 반핵평화를 위한 배움마당'이라는 시민과 활동가 양성을 위한 교육프로그램에 참가함.
1988년~1994년	각지의 핵폐기물 처분장 건설 반대투쟁과 원자력발전소 건설 반대투쟁에 참가함.
1989년 4월 15일	공추련 등 20개의 환경운동단체들이 '전국 핵발전소 추방운동본부'를 결성함.

10월 5일	한일연대를 위해 공추련이 일본의 반핵운동가 다카기 진자부로를 초청하여 한국교회100주년기념관에서 반핵강연회를 개최할 수 있도록 주선함. 이후 한일연대사업에 앞장섬.
1990년 4월	일본 도쿄에서 '원전은 지구를 구하지 않는다. No Nukes One Earth'라는 이름의 원자력발전 반대집회가 개최됨. 김원식은 국내 반핵 인사들을 데리고 이 집회에 참가하여, 외국인들과 함께 히비야에서 긴자까지 데모행진을 하였으며, 4월 27일부터 일본 도쿄에서 열린 '탈핵발전소법 국회청원 대행동' 행사에도 참가함. 귀국 후 공추련 간부들과의 갈등으로 공추련을 탈퇴함.
1991년 1월	반핵자료정보실을 설립하고, 8월까지 반핵 소책자 1호 『어둠 속에서 죽어가는 피폭 노동자』와 2호 『안돼요!! 원자력발전소는』을 발간함.
1월 26일	한일교류 히로사키 대집회에 참가하여 한국 반핵운동과 로카쇼六ヶ所 핵연료싸이클 반대운동을 연결해 줌.
11월 2일~4일	일본 원자력정보자료실의 주최로 일본에서 개최된 국제 플루토늄회의에 반핵자료정보실 편집위원 김정경과 함께 한국 대표로 참가함. 김정경, 문선경, 장석수, 박영숙, 이장수 등과 함께 10월 31일부터 11월 11일까지 한일연대활동을 전개함.
11월 8일	반핵 소책자 3호 『죽음을 몰고오는 핵 쓰레기』를 발간함.
11월 20일 ~12월 6일	『반핵자료정보실통신』 편집위원들과 함께 안면도, 부산, 광주, 고창 등지를 순회하며 강연회와 간담회를 개

	최하고 현장답사를 함.
12월 20일	『반핵자료정보실통신』 창간호(편집위원 김원식, 성낙준, 김성신, 김희정)를 발간함.
1992년 5월 1일~3일	일본 요코하마에서 개최된 프리 브라질Pre-Brazil 회의에 박영숙, 이해찬 등과 함께 참가하여 아시아 각국의 반핵운동 시민단체가 모여 아시아 반핵 회담을 하자고 제안함.
5월	토다 키요시의 논문 「환경의 위기는 '인류의 과제'」를 읽고 커다란 충격을 받고, 이를 번역하여 『길』 1992년 8월호에 게재함.
6월	브라질 리우에서 유엔환경개발회의(리우회의)가 개최됨.
6월 11일 ~15일	일본의 '탈핵발전소 액션그룹 후쿠오카' 회원 5명을 국내에 초청하여 이들의 방한 활동을 지원함. 이들은 고리, 울진, 안면도 등지를 방문하여 주민들과 간담회를 가지고 서울에서 반핵활동가들과의 교류모임을 가짐. 김원식이 통역을 담당함.
8월 21일 ~30일	문선경, 오진희 등과 함께 일본에서 개최된 '일본 반핵활동가 전국집회'와 '반핵 혁신 의원대회'에 참가하여 일본의 여러 반핵단체와 활동가들과 교류함.
8월 27일	도쿄 간다神田에 있던 시민단체 '민들레집'에서 토다 키요시를 처음 만남.
가을	토다 키요시의 『환경적 공정을 찾아서環境的公正を求めて』

	초고를 읽고, 그동안 자신이 전개해오던 반핵운동의 이론적 기초를 구축할 실마리를 찾고, 반핵운동의 사상적 기반이 아나키즘임을 알게 되어 아나키즘을 본격적으로 연구하기 시작함.
10월 1일	하코다테函館·시모기타下北에서 '핵을 생각하는 모임'이 주최하는 '반핵에 국경은 없다. 일한 반핵교류집회'에 참석함.
10월 4일 ~5일	도쿄에서 다카기 진자부로의 원자력정보자료실과 미국의 핵통제연구소가 공동주최하는 '아시아-태평양 플루토늄 수송 포럼'에 한국 대표로 참가함.
11월 21일	'반핵아시아포럼No Nukes Asian Forum 실행위원회'가 일본에서 구성됨. 박현서, 인명진, 전재진 등과 함께 한국측 발기인으로 선정됨.
1993년 4월 2일	공추련 등 전국 8개의 환경단체들이 통합되어 환경운동연합 결성.
6월 15일	반핵 소책자 4호 『핵과 인간』을 발간함.
6월 26일 ~7월 4일	일본 도쿄와 오사카에서 개최된 반핵아시아포럼No Nukes Asian Forum 제1차 대회에 10명과 함께 참가함.
8월 21~23일	'새로운 평화운동 대중단체 준비위원회'와 함께 일본 반핵운동가 히로세 다카시를 초청하여 종로성당과 전북 고창에서 각각 강연회를 개최함.
8월 말	자위대 해외파병에 반대하며 오쿠무라와 함께 9월 초까

지 일본 시코쿠 각지를 돌며 일본 활동가들을 방문. 그 과정에서 무카이 코를 만남. 방문 일정을 끝내고 도쿄로 가서 다카이 히로유키로부터 반전과 자위대 해외파병 반대 운동을 벌이던 사람들을 소개받고 교류함. 토다 키요시와 함께 다카기 진자부로의 원자력정보자료실을 방문. 이후 히로세 다카시広瀬隆 등과 상의하여 동아시아 차원의 자위대 해외파병 반대 서명운동을 벌이기도 함.

11월 20일   환경운동자료집 『아시아 각국에 핵발전소를 수출하려는 일본의 계획과 아시아 민중의 반핵운동』(환경운동자료 93-1)을 발간함.

1994년 2월 4일   교회환경연구소, 푸른 한반도 되찾기 시민의 모임, 핵발전소 주변 주민단체 등과 함께 대전 배달녹색연합 강당에서 한국반핵운동연락협의회를 결성함.

6월 초   반핵아시아포럼 한국위원회 결성 준비를 위해 다카기 진자부로 초청강연회를 주선함.

6월 4일   반핵자료정보실에서 '영광 핵발전소 추방협의회'의 의뢰로 실시한 "영광 원전 대사고시 재해 평가"를 발표함.

10월 14일   '반핵자료정보실, 배달녹색연합, 환경과공해연구회, 한국교회환경연구소, 서울대교구한마음한몸운동본부, 영광핵발전소추방협의회 등 반핵·환경 운동단체와 반핵 지역 주민운동단체 26개가 참가한 반핵아시아포럼 한국위원회'(공동대표 김원식, 정구선, 이재돈, 이호원, 노정선, 주광진, 배다지)의 주최하에 반핵아시아포럼No Nukes Asian Forum 제2차 대회가 개최됨. 대회 진행 과
~21일

	정에서 발생한 집행부와 마찰이 발생함. 이후 반핵운동에서 손을 떼기 시작하였고, 굴업도 핵폐기장 건설 반대투쟁에 참가한 이후 반핵운동계와 공식적인 관계를 청산함. 일본 반핵운동가들과의 교류활동은 계속 이어가는 한편, 환경과 반핵 및 아나키즘에 관련된 서적들을 번역하는 데 집중함.
11월 8일	환경운동연합, 배달녹색연합, 영일·월성·영광·고창·장흥·고흥 등 핵발전소·핵폐기장 반대 지역주민대책위원회와 함께 대전에서 '핵 없는 사회를 위한 전국반핵운동본부 준비위원회'를 결성함.
1994~1996년	3년간 히로시마 평화대회에 참석하였지만, 주최 측이 피해자라는 입장에서 대회를 준비하자, 1996년 8월 9일을 끝으로 더 이상 참석하지 않음.
1990년대 중반~말	일년에 두세번 정도 에히메현의 이마바리今治시에 들러서 주민들과 교류하면서 반전反戰 연대활동을 전개함.
1995년	다카기 진자부로의 주도로 개최된 플루토늄 수송 반대 국제회의에 참가함.
2월 18일 ~19일	인천환경운동연합이 다카기 진자부로를 초청하여 인천과 덕적도에서 굴업도 핵폐기장 건설에 반대하는 내용의 강연회를 개최함. 김원식이 통역을 맡음.
4월 7일 ~11일	인천환경운동연합에 의해 구성된 '한일 반핵 연대를 위한 인천핵대협 반핵 시찰단'이 4박5일 일정으로 일본을 방문하여 아오모리문화회관에서의 집회와 무츠오가와라항에서의 '반핵연反核燃의 날' 행사 등에 참가하고

	몬주 고식증식로와 미하마 핵발전소를 방문함. 김원식이 모든 행사에서 통역과 해설을 맡음.
11월	일본 원자력자료정보실 창립 20주년 행사에 참가함.
겨울	일본 아오모리현 히로사키시에서 개최되었던 '반핵 연설회'에 참가함.
1995~1996년	한일 장애자들의 교류를 주선함.
1996년	토다 기요시의 『환경정의를 위하여』(창작과비평사)와 오기노 고오야의 『암과 전자파』(내일을여는책)를 번역·출판함.
1996~1998년	한국·오키나와 반기지운동의 코디네이터로 활동함.
1998년	재일교포 역사학자 김정미가 주도하는 조선인 노동자 이기윤·배상윤 추모식에 참석함.
1월 17일	다카기 진자부로의 '바른생활상The Right Livelihood Awards' 수상을 기념하는 집회에 서진옥과 함께 참석하여 축사를 함.
1999년 8월	환경정의포럼이 토다 키요시를 초청하여 개최한 포럼(주제 : "일본의 환경운동, 환경정의")에서 통역을 맡음.
2000년	이수갑과 함께 에히메 등 일본 각지를 돌아다니며 한일의 반전평화 연대를 호소함.
3월	환경정의포럼에서 "일본에서의 환경·시민운동"이라는

	주제로 강연을 함.
6월	다카기 진자부로의 『시민과학자로 살다』(녹색평론사)를 번역·출판함.
12월	일본 도쿄 히비야공회당에서 개최된 '다카기 진자부로를 회고하는 모임-평화롭고 지속가능한 미래를 향하여'에 한국 대표로 참가함. 이헌석도 함께함.
12월 말	상계동모임이 만들어지자 이를 함께함.
2001년	한국불교환경교육원이 개설한 생명운동아카데미에서 강의를 함. 다카기 진자부로의 『원자력 신화로부터의 해방』을 녹색평론사에서 번역·출판함.
1월	「일본의 시민환경운동」(오쿠무라 에츠오가 발행하던 『키마구레통신』 5호를 번역한 글)과 토다 키요시의 「에콜로지사회주의와 환경정의」 등을 번역하여 『국내외 사례 연구를 통한 환경정의운동 모색』(환경정의시민연대·환경정의포럼 편, 2001)에 게재함.
8월	상계동모임 회원들을 데리고 7박 8일 일정으로 일본으로 감. 일본 체류 기간 동안 일본 아나키스트, 환경운동가들과 토론함.
11월 26일	부정기 간행물 『상계동모임 소식지』 창간에 참가함. 무카이 코의 공개인터뷰 형식의 글 「방법으로서의 아나키즘-운동의 방법론과 아나키즘에 대한 대화」(일본 아나키스트 잡지 『Anarchist Independent Review』 제10호

(2001 봄)에 게재)를 번역하여 『상계동모임 소식지』 제1호(상계동모임, 2001. 11. 26)에 무카이 코 특집으로 게재함.

2002년 가리야 데쓰의 『천황을 알아야 일본이 보인다』(세계인)를 번역·출판함.

4월 4일 윤종호, 정유선, 이동근 등과 함께 부정기간행물 『환경과 反차별』(환경과 反차별 편집동인 편)을 창간함.

9월 11일 아프가니스탄전쟁 발발 1주년을 맞아 서울 신촌 홍익문고 앞에서 촛불과 손팻말을 들고 침묵시위를 벌이며 피게팅을 함.

2003년 토다 키요시의 『환경학과 평화학』을 녹색평론사에서 번역·출판함.

2월~3월 대학로 마로니에공원에서 개최된 미국의 이라크 침공에 반대하는 반전집회에 아나클랜 멤버들과 함께 참가함.

3월 7일 무카이 코의 『폭력론 노트-비폭력 직접행동이란 무엇인가』를 번역하여 『환경과 反차별』 소책자 시리즈 제1호로 발간함.
야기 타다시八木正의 「아나키스트 사회학 서설-전문과학주의라는 환상의 비판」(『原發は差別で動く』(明木書店, 1989)의 제2부 제1절과 제2절), 무카이 코의 「운동의 방법론과 아나키즘에 대한 장시간 대화」, 구라 다케시藏阿健의 「스쿼트운동의 현재!-유럽에서」를 번역하여 『오늘의 아나키즘』(『환경과 反차별』 소책자 시리즈 제2호)에 게재함.

8월 15일	윤종호, 고노 다이스케, 정유선, 이동근, 매닉, 조약골, 한상진 등과 함께 WRI-Korea를 창립함.
2004년 11월	조약골, 이헌석 등과 함께 도쿄에서 열린 제1차 '반전과 저항의 축제 페스타'에 참가함.
2005년	아키 유키오와 하시모토 마사루의 『우리 모두를 위한 비폭력 교과서』(도서출판 부키)를 번역·출판함.
2008년 가을	마지막 일본 여행(86세), 윤종호와 함께 토다 키요시를 나가사키에서 만남(2박3일)
2013년 9월 12일	위암으로 사망함.

김원식의 번역서 목록

마쓰이 다카후미, 1990 『지구, 46억 년의 고독』, 푸른산
히로세 다카시, 1990 『위험한 이야기』, 푸른산
히로세 다카시, 1991 『누가 존 웨인을 죽였는가』, 푸른산
토다 키요시, 1996 『환경정의를 위하여』, 창작과비평사
오기노 고오야, 1996 『암과 전자파』, 내일을여는책
다카기 진자부로, 2000 『시민과학자로 살다』, 녹색평론사
가리야 데쓰, 2002 『천황을 알아야 일본이 보인다』, 세계인
토다 키요시, 2003 『환경학과 평화학』, 녹색평론사
무카이 코, 2003 『폭력론 노트-비폭력 직접행동이란 무엇인가』(『환경과 反차별』
   소책자 시리즈 1호 : 『환경과 反차별』 편집동인 편)
『오늘의 아나키즘』(『환경과 反차별』 소책자 시리즈 2호 : 『환경과 反차별』 편집
   동인 편, 2003)
아키 유키오·하시모토 마사루, 2005 『우리 모두를 위한 비폭력 교과서』, 부키
체르바크 유리시, 2005 『체르노빌 사고』, 청소년환경센터
다카기 진자부로, 2006 『지금 자연을 어떻게 볼 것인가』, 녹색평론사
와카쿠와 미도리, 2007 『사람은 왜 전쟁을 하는가』, 알마
가리야 데쓰, 2007 『일본인과 천황』, 길찾기(재출간)
오제키 슈지·가메야마 스미오·다케다 가즈히로 공편, 2007 『환경사상 키워드』, 알마
다카기 진자부로, 2001 『원자력 신화로부터의 해방』, 녹색평론사
히로세 다카시, 2011 『원전을 멈춰라』, 이음(재출간)

< 공역 >

아마가사 게이스케, 1990 『지구를 파괴하는 범죄자들』, 푸른산
고이데 히로아키, 2011 『은폐된 원자력 핵의 진실』, 녹색평론사

참고문헌

< 자료 >

『경향신문』, 『동아일보』, 『조선일보』, 『중앙일보』, 『한겨레』, 『한겨레신문』

"6개 후보지역 핵폐기장 반대투쟁 주요 일지" 『반핵자료정보실통신』 제2호 (1992. 2. 20), 반핵자료정보실

"경남 양산 핵폐기장 건설반대운동 경과보고"(환경운동연합, 1994. 5. 16 : http://kfem.or.kr/?p=14690

"괴산 '부자독립운동공적비' 한 많은 우리 현대사를 말한다" 『충북인 뉴스』 2014년 8월 14일(www.cbinews.co.kr/news/articleView.html?idxno=97453)

"괴산 출신 독립운동가 김용응 선생 유공자 선정돼야" 『충청매일』 2015년 8월 12일 (http://www.ccdn.co.kr/news/articleView.html?idxno=395643) ;

『그림 그리기 좋은 날』(고 김형식, 왕철수 2인 전 리플릿, 2019. 3. 14~2019. 5. 26, 청주시립미술관)

"반핵아시아포럼 소개 및 경과보고" 『한국 반핵운동의 역사와 전망』(반핵아시아포럼 한국준비위원회 편), 반핵아시아포럼 한국준비위원회, 1993

"반핵자료실, 지역 순회 주민간담회·강연 다녀오다" 『반핵자료정보실통신』 창간호(1991. 12. 20), 반핵자료정보실

『반핵자료정보실통신』 창간준비호(1991. 8. 24)·창간준비2호(1991. 9. 4)·창간호 (1991. 12. 20)~제6호(1992. 9. 21), 반핵자료정보실

『비전非戰-전쟁·군대 없는 세계로!, 환경과 反차별』 WRI-Korea 소식지 준비 1호(WRI-Korea, 2003. 9. 27)

"빨치산 활동의 전위대 역할 강동정치학원을 아시나요" 『중부매일』 2008년 11월 6일자(http://www.jbnews.com/news/articleView.html?idxno=218577)

『상계동모임 소식지』 1호(상계동모임, 2001. 11. 26)

"소석과 추일秋日"『ppomppu 커뮤니티』(https://www.ppomppu.co.kr/zboard/view.php?id=freeboard&no=4613765)

『아시아 각국에 핵발전소를 수출하려는 일본의 계획과 아시아 민중의 반핵운동』(환경운동자료 93-1, 1993. 11. 20), 반핵자료정보실

"안면도 핵 쓰레기장 설치 재시도 반대 반핵대행진"『반핵자료정보실통신』 창간호(1991. 12. 20), 반핵자료정보실

"울진 핵폐기물 처분장 반대 투쟁 일지"(환경운동연합, 1994. 6. 3 : http://kfem.or.kr/?p=12280)

『죽음을 몰고오는 핵 쓰레기-반핵 소책자 3호』(반핵자료정보실, 1991. 11. 8)

「짜깁기 핵발전소 영광 3호기 가동 허가를 백지화 하라」(환경운동연합·배달녹색연합·반핵자료정보실·교회환경연구소·반핵아시아포럼, 1994. 9. 10)

「창간의 글」『반핵자료정보실통신』 창간호(1991. 12. 20), 반핵자료정보실

"핵발전소에 한·일 국경은 없다!"『반핵자료정보실통신』제5호(1992. 7. 24), 반핵자료정보실

"'핵 없는 사회를 위한 전국반핵운동본부' 준비위 결성 보도 의뢰"(보도자료, 1994. 11. 10)『한국환경회의』 통권2호(1994. 10), 배달녹색연합 서울 사무국

『핵과 인간-반핵 소책자 4호』(반핵자료정보실, 1993. 6. 15)

"핵폐기장 6개 후보지역 청년활동가 모임 구성"『반핵자료정보실통신』 제3호(1992. 4. 15), 반핵자료정보실

"핵폐기장 후보지 선정 및 핵발전소 건설 반대투쟁의 성과와 한계"『반핵자료정보실통신』 제2호(1992. 2. 20), 반핵자료정보실

『환경과 反차별』 1~6호(『환경과 反차별』 편집동인, 5호부터는 『비전非戰-전쟁·군대 없는 세계로!, 환경과 反차별』 제호 변경)

고노 다이스케, 2015 「김원식 할아버지와 나」『나와 김원식-김원식 1주기 추도문집』(김원식을 추모하는 사람들 편)

김범태, 1993 「전남 지역의 반핵운동」『한국 반핵운동의 역사와 전망』(반핵아시아포럼 한국준비위원회 편), 반핵아시아포럼 한국준비위원회

김성재, 2015 「아버지께 드리는 마지막 편지」『나와 김원식-김원식 1주기 추도문집』(김원식을 추모하는 사람들 편)

김성환, 2002 「아나키스트 김원식 : "자본주의도 사회주의도 지구 생명 파괴엔 공범"」『말』제192호, 월간 말

김소희, 2003 "내가 왜 '비전非戰'이냐고?"『한겨레21』제449호(https://h21.hani.co.kr/section-021014000/2003/03/021014000200303060449033.html)

김원식, 1996 「옮긴이의 말」(토다 키요시, 1996,『환경정의를 위하여』, 창작과비평사)

김원식, 2000 「옮긴이의 말」(다카기 진자부로(김원식 역), 2000,『시민과학자로 살다』, 녹색평론사)

김원식, 2001 「일본의 시민환경운동」『국내외 사례 연구를 통한 환경정의운동 모색』(환경정의시민연대·환경정의포럼 편)

김원식, 2006 「역자 후기」(다카기 진자부로, 2006,『지금 자연을 어떻게 볼 것인가』, 녹색평론사)

김원식을 추모하는 사람들 편, 2015『나와 김원식-김원식 1주기 추도문집』

김종섭, 2015 「당신이 심어놓은 염원, 또 다른 김원식으로…」『나와 김원식-김원식 1주기 추도문집』(김원식을 추모하는 사람들 편)

김창욱, 1993 「경북 영일군 청하면 지역 반핵 주민운동」『한국 반핵운동의 역사와 전망』(반핵아시아포럼 한국준비위원회 편), 반핵아시아포럼 한국준비위원회

나카지마 마사카즈, 2015 「나와 김원식」『나와 김원식-김원식 1주기 추도문집』(김원식을 추모하는 사람들 편)

다카기 구니코, 2015 「김원식씨를 회고하며」『나와 김원식-김원식 1주기 추도문집』(김원식을 추모하는 사람들 편)

다카기 진자부로(김원식 역), 2000『시민과학자로 살다』, 녹색평론사

다카기 진자부로(김원식 역), 2006『지금 자연을 어떻게 볼 것인가』, 녹색평론사

다카기 진자부로(김원식 역), 2011(개정판)『원자력 신화로부터의 해방』, 녹색평론사

매닉, 2015 「할아버지를 추억하며」『나와 김원식-김원식 1주기 추도문집』(김원식을 추모하는 사람들 편)

무카이 코(김원식 역), 2003『폭력론 노트-비폭력 직접행동이란 무엇인가(『환경과 反차별』소책자 시리즈 1호)』,『환경과 反차별』편집동인

미즈타 후, 2015 「무까이 상 옆에서」『나와 김원식-김원식 1주기 추도문집』(김원식을 추모하는 사람들 편)

박병상, 2015 「그를 기억해야 한다」『나와 김원식-김원식 1주기 추도문집』(김원식을 추모하는 사람들 편)

빵돌이, 2005 「상계동모임 경과(초안)」(미간)

사이도 마사노리, 2015 「김원식씨를 추억하며」『나와 김원식-김원식 1주기 추도문집』(김원식을 추모하는 사람들 편)

오바 가즈오, 2015 「김원식씨, 충심으로 명복을 빕니다」『나와 김원식-김원식 1주기 추도문집』(김원식을 추모하는 사람들 편),

오진희, 1992 "일본 반핵활동가 전국 집회 및 반핵 혁신 의원대회를 참가하고 나서"『반핵자료정보실통신』제6호(1992. 9. 21), 반핵자료정보실

오쿠무라 에츠오, 2015 「김원식씨로부터 배운 일」『나와 김원식-김원식 1주기 추도문집』(김원식을 추모하는 사람들 편)

유정길, 2015 「괴팍하고 까칠한 할아버지」『나와 김원식-김원식 1주기 추도문집』(김원식을 추모하는 사람들 편)

윤종호, 2015 「내가 선택한 길과 김원식 유입」『나와 김원식-김원식 1주기 추도문집』(김원식을 추모하는 사람들 편)

이덕희, 2015 「25년의 추억」『나와 김원식-김원식 1주기 추도문집』(김원식을 추모하는 사람들 편)

이영구, 2015 「김원식의 출생과 생애」『나와 김원식-김원식 1주기 추도문집』(김원식을 추모하는 사람들 편)

이헌석, 2015 「김원식 선생님을 떠나보내며」『나와 김원식-김원식 1주기 추도문집』(김원식을 추모하는 사람들 편)

정순택, 1997 『보안관찰자의 꿈』, 한겨레신문사

조약골, 2015 「열매를 원한다면 저항하라」『나와 김원식-김원식 1주기 추도문집』(김원식을 추모하는 사람들 편)

『환경과 反차별』편집동인 편, 2003 『오늘의 아나키즘(『환경과 反차별』 소책자 시리즈 2호)』

환경정의시민연대·환경정의포럼 편), 2001 『국내외 사례 연구를 통한 환경정의운동 모색』

김원식 구술 녹취록(강명숙, 1998. 8~1999. 2. 28, 서울대 교육사고)

< 연구성과 >

김근수, 2021 「부자 독립운동가 김용응 김대규 선양 고찰」 『괴향문화』 제29집, 괴산향토사연구회

김혜정, 1995 「한국 반핵운동의 역사와 전망」(http://kfem.or.kr/?p=12300)

반핵아시아포럼 한국준비위원회 편, 1993, 『한국 반핵운동의 역사와 전망』, 반핵아시아포럼 한국준비위원회

성백걸, 2008 『하나님 자연 사람 그 창조의 숨결-기독교환경운동연대 25년사』, 기독교환경운동연대·한들출판사

손영호, 2019 『영덕 반핵운동 연구』, 사단법인 생명평화아시아

이득연, 1993 「반핵발전소운동을 중심으로」 『한국 반핵운동의 역사와 전망』(반핵아시아포럼 한국준비위원회 편), 반핵아시아포럼 한국준비위원회

이호룡, 2001 『한국의 아나키즘-사상편』, 지식산업사

전재진, 1993 「안면도의 반핵운동」 『한국 반핵운동의 역사와 전망』(반핵아시아포럼 한국준비위원회 편), 반핵아시아포럼 한국준비위원회

토다 키요시(김원식 역), 1996 『환경정의를 위하여』, 창작과비평사

토다 키요시(김원식 역), 2003 『환경학과 평화학』, 녹색평론사

발간 후기

　김원식 선생님이 돌아가신 지, 어느덧 12년이 되었습니다. 새삼, 그간의 시간을 되돌아보게 됩니다.

　우리들은 2013년 9월 20일 서울 보라매병원 장례식장에서 김원식 선생님의 영정만을 모시고 몇 분의 가족분들과 함께 국내·외 지인들 30여명이 모여 단출한 장례모임을 진행한 바 있습니다. 그때 모인 우리들은 '어떻게 김원식 선생님을 추모할 것인가'를 의논했고, '관련 공부모임을 하자', '추모 문집을 만들자', '전기(傳記)가 있어야 한다' 등의 제안들을 주고받았습니다.

　그 이후 1주기를 즈음하여, 이영구 사모님과 박병상, 이호룡 등 몇 분이 모여 1주기 추모행사와 추모문집, 추모비 등을 어떻게 할 것인가를 의논했고, 2014년 9월 13일(토) 오전에 괴산군 소수면 수리 생가 뒤 비석동산에서 추모행사를 갖기로 하고, 추모문집 『나와 김원식—김원식 1주기 추모글 모음』을 한국어판과 일본어판을 각각 내기로 하고, 목비(아나키스트 김원식 물망비)도 세우기로 했습니다. 그리고 의논한 바를 각각 진행했습니다.

그리고, 2주기, 3주기, 5주기, 10주기를 맞이하여 또 우리들은 선생님이 계시는 비석동산에 모였고, 선생님을 회상하며 조촐하게나마 추모모임을 이어왔습니다. 그때마다 반복되는 이야기는 '김원식 선생님의 구술자료를 참고하여, 선생님의 활동과 생애를 정리해야 한다'는 것이었습니다. 하지만, 선생님이 한국과 일본을 오가며 장기간 전개한 활동에 비해, 구술자료는 1998년경까지로 국한되어 있고, 그 이전 공산주의자로서의 활동 시기 관련 자료는 거의 없다시피 하고, 1980년대 후반부터 2010년대 초반까지 '반핵, 환경·환경정의, 非戰·비폭력·평화, 아나키즘' 등 다양하게 전개한 활동 내용을 전체적으로 파악하는 것은 쉽지 않았습니다.

아무튼, 이런 어려움을 무릅쓰고 이호룡 박사님이 그 큰 역할을 자임해 주셨고, 서정두 학예사(청주시립미술관)님의 사진 협조를 비롯해 김원식 선생님과 함께했던 한국과 일본의 지인들이 관련 자료와 증언, 사진 등을 여러모로 협조해주어 드디어 이렇게 '김원식 평전', 『아나키즘이 살 길이다—김원식이 걸어온 길』을 출간할 수 있게 되었습니다. 이호룡 박사님을 비롯해 함께해주신 모든 분들에게 큰 고마움을 전하고 싶습니다.

장례모임 직후 제기됐던 여러 제안과 과제들 중 선생님의 목비와 추모문집에 이어, '전기(傳記)'까지 나오게 되어 너무도 다행스럽습니다. 앞으로 또 어떤 제안과 과제들이 우리 앞에 주어

질지 알 수 없습니다만, 항상 김원식 선생님을 기억하고 또 그분이 뜻하셨던 바를 공감하는 우리들로서는, 이 책 발간을 계기로 선생님이 앞서가신 그 길을 함께하기 위해 더욱 분발하겠습니다.

2025. 9. 12

김원식을 추모하는 사람들

아나키즘이 살 길이다
— 김원식이 걸어온 길

펴낸 날 2025년 9월 12일
지은이 이호룡
펴낸 곳 무명인
펴낸이 윤종호   교정 윤종호   편집 김동훈

주소   전라북도 고창군 아산면 영모정길 38-29 영모마을
연락처   010-8279-7849   전자우편   bebelow@hanmail.net
출판등록 2011년 7월 5일 제478-2011-000001호
인쇄   아름다운인쇄
ISBN   978-89-98277-12-3
가격   15,000원